餃子の探求

全国「餃子の町」
「餃子の名店」の、
味と技術が
満載！

旭屋出版

日本人の舌と心を掴んできた、餃子の魅力

餃子は完全食!
餃子に対して、よく聞かれる評価です。皮の小麦粉で炭水化物を、あんの肉でたんぱく質を、そしてあんの野菜でビタミンその他の栄養素をと、餃子1個でバランス良くまかなえるからです。しかも、香ばしく焼けた皮の香りは食欲を誘う。

ご飯のおかずにもあう上に、ビールのおつまみなど酒の肴としてもぴったり。これで嫌いな人がいるはずはない。町なかを見れば、どこかに餃子が評判の人気店があります。中華料理店やラーメン店はもちろんのこと、居酒屋、家庭料理の店など、そのほとんどが大衆料理の店。そして忘れてならないチェーン店も。

店で食べるだけではないのも餃子の特徴。スーパーでは冷凍食品でもチルドでも売られて人気を集め、チェーン店では持ち帰り用の餃子が飛ぶように売れています。1人前、2人前ではなく、100個、200個と買っていく人も珍しくありません。

日本以外で生まれた食べ物なのに、これほど全国各地に普及し、長年にわたって男女を問わず人気を集めている食べ物は、餃子以外にはなかなか見つかりません。

中国にはない、日本独自の餃子文化

餃子は、近年では、町おこしの核となる食べ物としても注目されています。それは、その地に根付いた食べ方や味の個性があって、他の町の餃子と容易に比較できることも大きいからでしょう。

餃子の生まれ故郷の中国では、点心として包み方や材料を工夫した、カラフルでさまざまな形の餃子があります。それに比べて日本の餃子は、ほとんどが「焼く」調理であるため、中国のような多彩さはありません。あんの材料は肉・野菜で、小麦粉の皮とシンプルです。しかし、野菜の組み合わせを工夫したり、包み方やサイズで個性を出したり、焼き方で他店との違いを出したり…と、いろいろな工夫がなされていて、日本独自の〝餃子文化〟を創り上げています。

そこで本書では各地の人気店に、餃子に対する熱い思いとあわせて、評判の味をつくり出すに至った経緯や、味づくりのポイント、独自の技術についても取材しました。本書を、さらに味わい深い餃子づくりの参考にしていただけると幸いです。

旭屋出版　編集部

餃子の探求　目次

全国「餃子の町」の共演
知る人ぞ知る　個性派「餃子タウン」

人気店の餃子　チェーン店の餃子
各地で絶大な人気

埼玉県を中心に大人気
ぎょうざの満洲……P.100

「揚げ焼き」の皮の魅力
ホワイト餃子……P.96

半世紀人気のひと口餃子
餃子の末ッ子……P.64

焼き餃子のみで人気
亀戸餃子……P.60

50 年続くジャンボサイズ
泰興楼……P.68

元祖「鍋焼き棒餃子」
紅虎餃子房……P.104

記録と記憶に残る味
神楽坂飯店……P.76

2 倍の大きさの絶品餃子
北口亭……P.80

蒲田の餃子
P.36

旨い
餃子の基本技術
焼き餃子／水餃子／蒸し餃子／揚げ餃子
東京・三田『御田町 桃の木』オーナーシェフ 小林武志

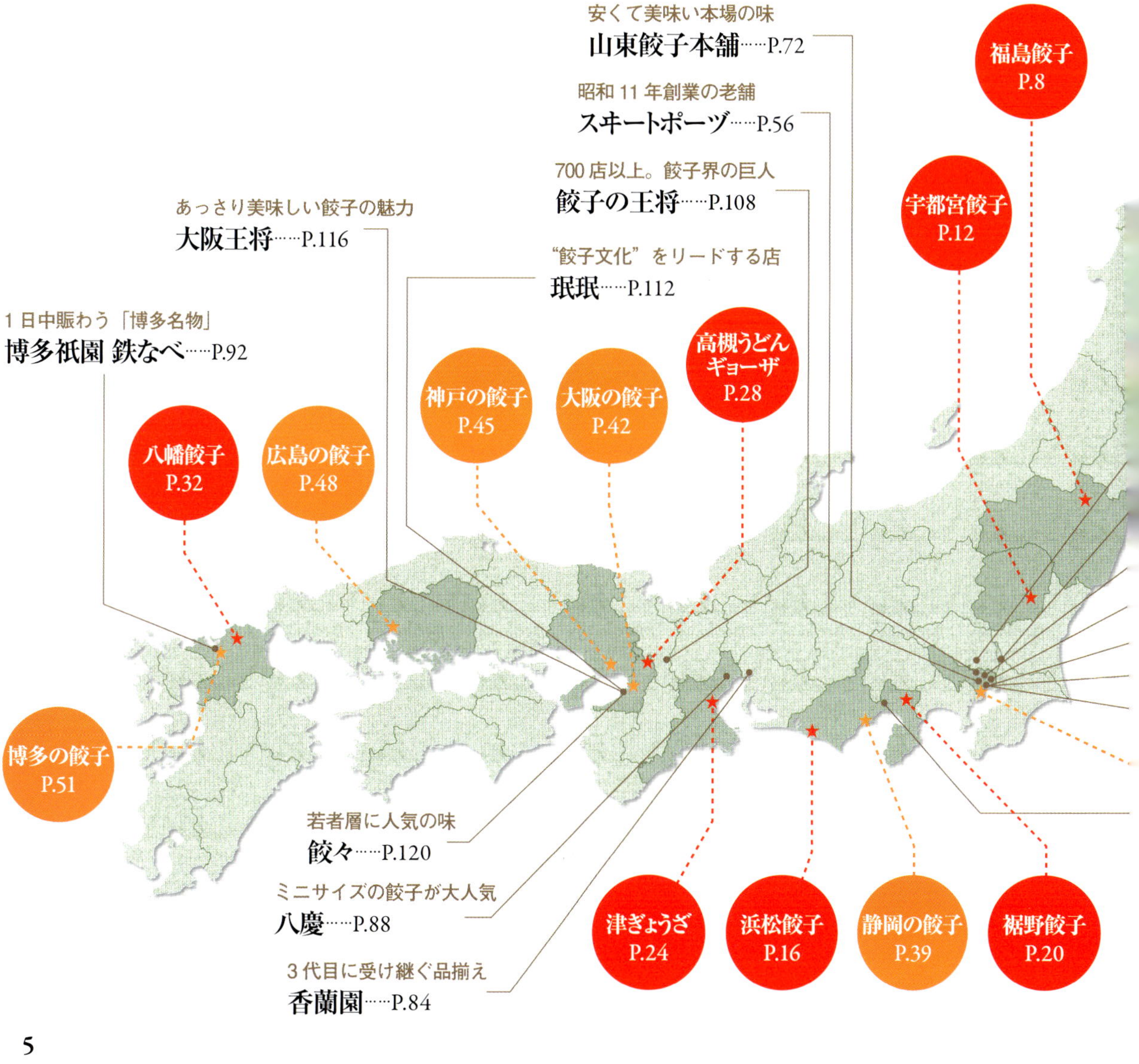

※本書は、弊社刊『餃子大全』『評判の餃子　大集合』をまとめて、加筆修正したものです。
※お店の情報、料理の価格(税込)は、平成28年3月31日現在のものです。

全国「餃子の町」の共演

知る人ぞ知る

個性派「餃子タウン」

ご当地グルメは、今や全国各地で盛り上がりを見せている。
その元祖ともいえるのが〝餃子日本一の町〟だ。
大衆料理として人気を博してきた餃子。
それが盛んな町には、どのような特徴があるのか。
個性的な餃子で町おこしを進める、新しい「餃子タウン」もあわせて紹介。

［福島・*fukushima*］

福島餃子

全国でも珍しい「円盤餃子」の他、個性あふれる餃子専門店と老舗が多い

昭和20年の終戦後、満洲（現中国）から引き上げてきた人たちが、生活のためにバラック店舗を建てて闇市を形成したのは、福島も同じだった。稲荷神社境内、駅前空き地などに闇市ができたという。

闇市で多かったのは、飲食業だった。菅野かつゑさんも飲食店を開業したひとりだった。約20年間住んだ満洲で覚えた餃子やおでんを売った。そしてその中で評判を呼んだのが円盤状に焼く餃子だった。菅野さんに習った人が独立もして、餃子店は増えた。福島市には現在も親子2代に渡ってのファンがいる老舗餃子店が多数存在するばかりか、他の都市では見られない多様性のある餃子を各店舗に見出せる。

【ふくしま餃子の会】

餃子を福島の名物にしようと、餃子を出す店が集まって餃子の無料試食会を開催したのがきっかけになって平成12年に「ふくしま餃子の会」が結成された。現在、加盟店は15店。県内外で餃子の試食会、実演販売、餃子講習会など、餃子をより身近に感じてもらうため市民参加型の講習会を企画してきた。円盤型に焼く「円盤餃子」は特徴のひとつで、円盤餃子でなくても、店ごとにあっさり系、にんにくがきいたもの、大サイズ、シャモ肉、エゴマ豚のあん、ヨモギ皮の店など個性豊かだ。イベントでも毎回講師を変えることで福島市の餃子の多様性もアピールしている。

元祖 円盤餃子（30個）1,620円

昭和28年創業の『満腹』が発祥で、円盤状に焼く餃子の店が福島には多い。円盤状にきれいに均一に焼き色をつけるのは、簡単そうで技術がいる。福島の餃子の店は夕方からの営業の店が多く、酒のつまみに一人で30個食べる人も珍しくない。

白菜は水気を絞ってから、さらに1日置いてさらさらに。味がよくしみるようにして使う。

『満腹』では、練って2日寝かせた生地を麺棒で伸ばしてあんを包む。包む力加減で焼き具合が変わってくる。

昭和28年、現在の社長・椎野幸嗣さんの義母・菅野かつゑさんが満洲から戻って『満腹』を開いた。

菅野さんは満洲には約20年暮らしたという。そこで覚えたのが、餃子だった。

満洲では、餃子は水餃子。旧正月に食べるのが水餃子だった。その水餃子の中にお金を入れたり、筆の先を入れたりして、食べた餃子からお金が出てきたら、その人の金運がいいとか、おみくじのような楽しみ方をする。だから、旧正月にはたくさん水餃子を作ったという。その水餃子が残ると、それを鍋に並べて焼いて無駄にしないように味わったのが焼き餃子だと言われている。中華鍋に丸く並べて焼くので、焼き上がりは円盤状になる。

菅野さんは、この円盤状の焼き餃子やおでんを売る店を闇市の中に開いた。

焼き餃子の評判は瞬く間に広まったという。その証拠に、開業して1週間後には、餃子専門店になっていたという。

焼き餃子の評判が広まると、お客が増えるだけでなく、「教えてほしい」という人も現れる。菅野さんに教わって餃子店を開業して50年以上続いている餃子店が今もいくつかある。各店が、オリジナリティを出しているのも興味深い。

こうして、餃子店は福島に増えていった。昭和30年

◎福島・福島『満腹』の餃子の作り方

サラダ油は薄く敷く。餃子を丸く並べて、中央にも5個並べて点火する。

餃子の3分の1くらいが浸るくらい水を注いですぐに蓋をする。

蓋をしたら、音で焼きあがりまで判断する。途中で蓋をとることはしない。

水分が飛んだことを音で判断し、蓋をとってからはフライパンをまわして均一な焼き色に。

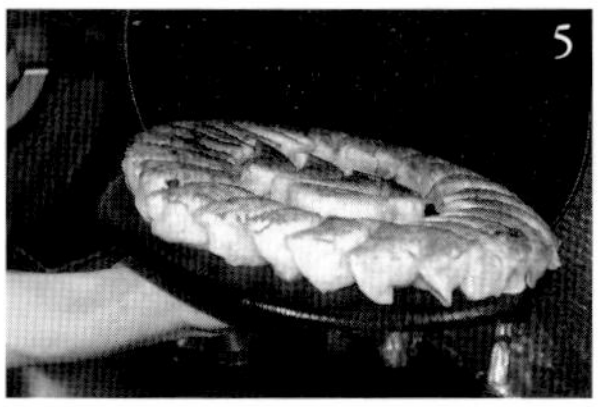

焼き上がったら、蓋にひっくり返し、そのまま円盤状に皿に盛り付ける。

［福島・*fukushima*］

元祖 円盤餃子 満腹

住所／福島県福島市仲間町 1-24
電話／ 024-521-3787
営業時間／月曜日・木曜日・金曜日は16 時 30 分～、土曜日・日曜日・祝日は 11 時 40 分～
いずれも餃子がなくなり次第閉店
定休日／火曜日・水曜日
http://enban.hp.gogo.jp/pc/

代の高度成長期は、勤め帰りのサラリーマンの明日への活力源となり、餃子店は繁盛したという。そのため、営業時間が夕方からの餃子店が多いのも福島市の特徴だ。宇都宮が「昼の餃子」であるのに対して、福島は「夜の餃子」と呼ばれることもある。

『満腹』の味の特徴

『満腹』の餃子は、2日がかりで作られる。

まず、皮は、小麦粉を手でこねて団子にして2日寝かしてから、めん棒でのばす。柔らかくてのびる生地なので、包むときの力加減で焼き上がる時間が変わってくる。均等な包み加減にしないと焼きムラができてしまう。なお、『満腹』の餃子は皮が柔らかいので、持ち帰って温めるときは電子レンジは不向きで、少し水をふって、アルミホイルで包んでオーブントースターで温めることをすすめている。

あんは、豚肉と白菜と、少量のにんにく。白菜は粗くみじん切りにし、オカラを絞る袋に入れて水分を絞ってから、さらに1日置いてサラサラにする。これに豚肉、調味料を合わせる。こうすることで、白菜に味がよくしみる。夏は白菜の値段が上がるが、満洲で習った餃子は白菜だけの餃子なので守ってきた。同様に、手伸し、手包みも手間がかかるが守ってきた。

焼き方も大事。サラダ油は薄く敷いて、餃子を丸く並べて点火。丸く焼くには最低20個必要だ。水を注いだら、蓋をする。あとは水分が飛ぶまで蓋はとらない。中の音を注意深く聞いて焼き具合を判断する。

水分が飛んだら蓋をとり、フライパンをまわして、餃子を鍋肌に滑らせながら全体が均一の焼き色になるように仕上げる。円盤状にきれいに均一にこんがり焼くのが円盤餃子では大切になる。そして、焼けたら蓋にひっくり返して、円盤状のまま皿に盛り付ける。

創業者の菅野かつゑさんからは、「手伸し3年、包み5年、団子一生、焼き一生」と伝えられている。手練りの皮はほんのり甘みがあり、野菜と肉のうま味のバランスがいい。

この味わいを楽しんでもらいたいので、酢と醤油のたれづくりもこだわりがある。

まず、小皿にはラー油を入れてもらう。ラー油は少量のごま油を加えている。そこに酢を入れてもらい、よく混ぜてもらう。そして、最後に醤油を少し。好みでおろしにんにくを。醤油味で食べてもらわないよう、客席にたれの作り方を示している。なお、この餃子に合うので、酢は千葉産、醤油は喜多方産のをずっと使っている。

今年で『満腹』は創業63年。創業者の菅野かつゑさんは１０３歳で亡くなったが、長寿の秘訣は、酢とにんにくだったという。

全国「餃子の町」の共演

宇都宮餃子

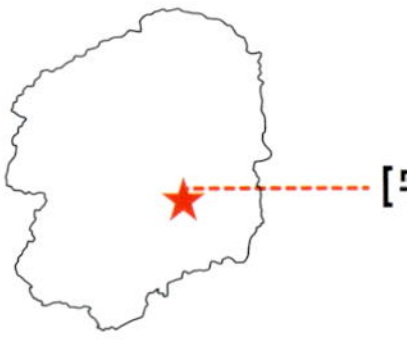

餃子の町の知名度はもちろんのこと、餃子で集客する実力もナンバー1の宇都宮！

「餃子の町」を宣言している町はいまは全国にあるが、その元祖と言えるのが宇都宮市だ。一世帯当たりの餃子の年間購入額が日本一であることを宇都宮市が発表したのが平成2年。その後、日本一でなくなったとか、他県にも「餃子の町」を宣言する町が出てきたりしたが、餃子マップを片手に餃子を食べ歩く観光客が目立ち、また、お土産品としての餃子の種類が実に豊富にそろった宇都宮は、まさに「餃子の町」。「安くてうまい庶民の味・餃子」が町の隅々まで浸透している町と言える。その中で『宇都宮みんみん』は、宇都宮の餃子を語るときに欠かせない存在になっている老舗であり、県内に10店舗を構える有名店である。

【宇都宮餃子会】

JR 宇都宮駅前にある「餃子像」。平成 6 年に、テレビ番組の企画で建てられた。その前の年には宇都宮餃子会が発足。平成 11 年には第一回宇都宮餃子まつりが開催された。平成 13 年には、宇都宮餃子会は協同組合として認可された。餃子を通じて地域文化と餃子文化の普及振興を目指す、日本で唯一の餃子の協同組合だ。
http://www.gyozakai.com/

焼餃子(1人前6個)
248円

『宇都宮みんみん』では、材料の高騰や消費税増で値上げしたが、それでも6個で248円の庶民価格。野菜の割合が多いけれど、ごま油で焼くのでコクはある。ご飯にもビールにも合う。『宇都宮みんみん』全店合計で、忙しいときは1日10万個が売れるという。

『宇都宮みんみん』の餃子は1個約20g。白菜が主体でキャベツは少し。肉より野菜が主体なので2人前は軽く食べられる。

『宇都宮みんみん』が昭和33年の創業から昭和52年ごろまで使ったという鉄鍋。直径は33センチほど。栃木で現存する最古の餃子を焼く鍋だ。

『みんみん』の前身、栄養食品の店「ハウザー」の写真。看板下に「天津餃子」、また、紙袋にも「餃子」の文字が。

『宇都宮みんみん』は、伊藤信夫前社長の義母にあたる鹿妻三子さんが昭和33年に始めた。義父は国鉄職員で昭和14年に北京に派遣されたという。その北京・王府井での生活で餃子の作り方を教えてもらったという。

終戦後、宇都宮に戻って、義母は栄養食品の店を始めた。「ハウザー」という屋号の店だった。その店の売り上げがかんばしくなかったので、餃子と老酒を出すことにしたという。これが評判になって、『みんみん』という屋号で開業したのが昭和33年。その後、平成18年に『宇都宮みんみん』に変更。

昭和30年ごろの「ハウザー」の写真(上)が残っている。店頭に「天津餃子」「北京焼買」の品書きがある。また、「ハウザー」時代のみやげ袋も残っていて、そこにもすでに「餃子」「しうまい」の文字が印刷されている。

一説によると、宇都宮には中国北東部に進出した日本軍師団の駐屯地があって、その師団員が戦後、宇都宮に戻ってきたという。その人たちに餃子は大評判で、広まったようだ。

◎栃木・宇都宮『宇都宮みんみん』の餃子の作り方

1
熱した鍋にびっしり、4列で餃子を並べる。油は純正ごま油。

2
レードルで静かに水を注いで蓋をする。

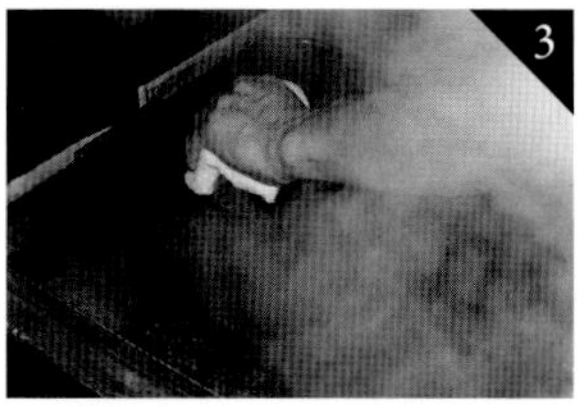

3
蓋は重厚なもの。蓋をしたらそのまま強火で焼いていく。

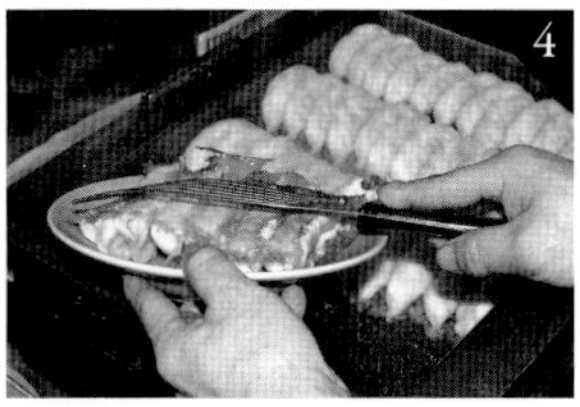

4
カリカリに焼けた「ハネ」の部分もろとも金属ヘラできれいに鍋からはがして盛り付ける。

特製の「餃子に良く合う酢」。ツンとこなくて少し甘口。酢だけで食べても合う。

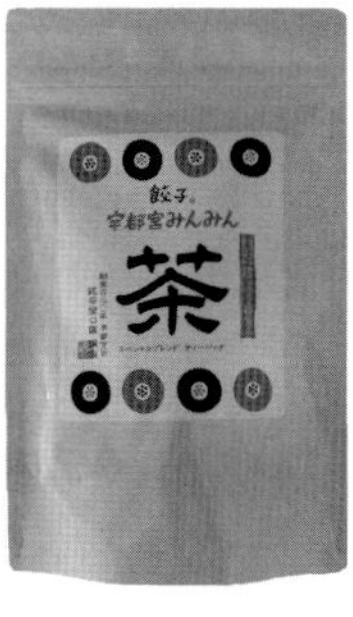

餃子に良く合う特製茶。本店に限り、一年を通じてホットで提供している。当日分がなくなり次第終了。

［宇都宮・*utsunomiya*］

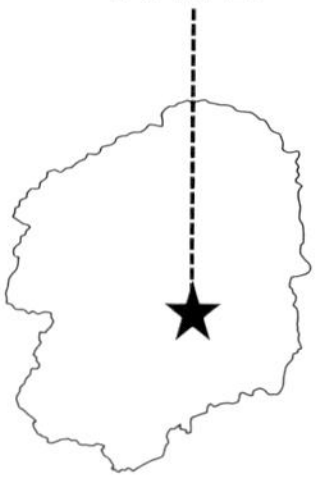

宇都宮みんみん 本店

住所／栃木県宇都宮市馬場通り 4-2-3
電話／ 028-622-5789
営業時間／ 11 時 30 分～ 20 時
定休日／火曜日
（その他臨時休業あり）
http://www.minmin.co.jp/

昭和33年7月17日（水）の『みんみん』のオープン初日の客数は29人だった。当時、餃子は1人前50円。ラーメンが30円の時代だから、高い食べ物だったと想像がつく。オープン翌日の客数は24人。それが、2年後の昭和35年には1日200人を超える日も珍しくないほどまでになったという。伊藤信夫前社長は、昭和35年から店を手伝うようになったそうなので、ちょうど忙しくなってきた頃だ。

ただ、老酒を飲んで長居する割りに餃子を食べてくれないので、『みんみん』では老酒をやめて餃子だけを出すようになったそうだ。これに他の店も習ったようだ。こうして、隣の県の福島では餃子は酒のつまみとして発展したのに対して、宇都宮はご飯のおかずとして発展していく。

人口40万人ほどの宇都宮市に餃子だけを出す専門店は30店ほど。東京でも餃子のみの専門店は30店ほど。宇都宮に餃子専門店の割合が高いのも、現在の『宇都宮みんみん』にルーツがあるようだ。

昭和52年ごろに、餃子を焼いていた丸い鉄鍋を四角い鍋に変えている。四角い鍋は29㎝×38㎝で、直径33センチの丸い鉄鍋より一度に多く焼ける。丸い鉄鍋では間に合わなくなってきたのだろう。

『宇都宮みんみん』の味の特徴

『宇都宮みんみん』の餃子は、白菜が主体。キャベツは少しで、肉より野菜のほうが多い。たれを付けないでそのまま食べてもいい味付けにしてある。焼くのはごま油なので、コクもある。たれを付けなくても食べられるのと、野菜が主体なので、1個は大きいけれど女性でも2人前は軽く食べられる。

「北京の通人たちは、酢だけで食べるのが最高といっております」という張り紙をして、酢だけで味わってもらうこともすすめている。

そして、その酢は特製の「餃子に良く合う酢」。ツンとこない少し甘口の、焼餃子に合う酢を用意している（宇都宮で200年以上続く中野嘉兵衛商店で作ってもらい、酢だけの販売もしている）。

ラー油も自家製。底に辣粉という唐辛子などの粉がたっぷり沈殿している。常連はそれを「ジャリジャリ」と呼んで、「ジャリジャリ」だけをかけて食べるのが好きな人もいる。

人気メニューは「ダブル・スイ・ライス」。これは焼餃子がダブル（2人前）と、水餃子を1人前、そしてライスの組み合わせ。これで計853円（税込み）。こういう定食があるわけではないが、常連は「ダブル・スイ・ライス」と言って注文する人が多い。

また、本店では、店の餃子の味と香りに合う特製茶も提供。ほうじ茶と紅茶と烏龍茶のブレンドで、このお茶も店内で販売している。

全国「餃子の町」の共演

浜松餃子

円盤型の盛り付けに、もやしの付け合わせはここだけ！
「餃子日本一」の覇を競う、大人気の浜松餃子

「餃子日本一」をかけて、毎年、宇都宮市と文字通りデッドヒートを繰り広げている浜松市。

餃子を円形に並べて焼き、「付け合せ」として茹でもやしが添えられる浜松の餃子。必ずしもこのスタイルの店ばかりではないが、今、全国に急速に広がっている浜松餃子のイメージは、これだ。

２００５年には「浜松餃子学会」が発足し、毎年、市内の約３００軒ある店のうち、１８０店舗余りの餃子の店が掲載された餃子マップも作られている。人口80万人の浜松市だけで1日3万個も売る。それほど浜松では餃子が食べられている。外食で食べるだけでは

【浜松餃子学会】

浜松餃子の振興・普及を目的にボランティアが集まり発足した、まちづくり・まちおこし団体。浜松市が餃子の街であることを全国に発信し続けると共に、日本の餃子文化の振興に寄与することを目標としている。浜松市内の餃子販売店の情報を取りまとめた「浜松餃子マップ」の発行や「浜松餃子まつり」の開催にも関わる。
http://hamamatsugyoza.jp/

ぎょうざ大(20個)
1,200円

キャベツが多くてあっさりと食べやすい。にんにくも控えめで、女性にも子供にも大人気。あんは、キャベツと豚モモ肉の挽き肉を7対3の割合で合わせ、ごま油、全卵、塩、にんにくを加えたつなぎと一緒に混ぜ合わせる。つなぎの全卵が肉汁を閉じ込める役割。餃子は10個から販売する。

醤油、酢、みりんと砂糖で作るたれは、子供やお年寄りが食べやすいよう少し甘め。ラー油は好みで。

もやしはごま油を加えたお湯で軽く茹でる。もやしの照りと食感をよくするための工夫だ。

キャベツは、味の品質を保つため、季節ごとに産地を変更。切ったキャベツは寝かせて水分を抜く。

なく、持ち帰って自宅で食べる人も多く、テイクアウト専門店が多いのも浜松ならではの特徴である。

では、なぜ浜松では餃子がこれほどまでに食べられているのだろうか。

まず、餃子を作るのに欠かせない食材が豊富だったことが挙げられる。元々、浜松は養豚業が盛んな町である。さらに、玉ねぎの産地として今も有名だ。そして、キャベツも浜松市内に加え、すぐ隣の愛知県東部で盛んに作られている。簡単に入手できる食材で餃子を作れるという手軽さが、浜松にはあった。

このため、終戦と同時に中国大陸から餃子の味を知る人たちが大勢帰ってきたときも、餃子が容易に受け入れられた。懐かしさで餃子を食べてみたいときは家庭ですぐにでも作れて楽しめた。またそうした人たちのリクエストに応じて「餃子という食べ物」を簡単に作れて商売にできる環境があった。

さらにこれほどまで普及したのは、餃子にとってのマーケットが地元にあったのが大きい。

昔から、バイクの町のイメージが強い浜松。県内では古くから工場が多く、労働者が多い町だった。力仕事の工場で働く人たちにとって、キャベツ主体で何個でも食べられ、にんにくたっぷりの餃子は、酒とともに1日の疲れを癒すのに最適の食べ物として親しまれてきた。

◎静岡・浜松『石松』の餃子の作り方

ボウルに豚モモ肉の挽き肉を入れ、卵入りの「つなぎ」を加える。

みじん切りにしたキャベツに挽き肉を加え、よく混ぜ合わせる。

フライパンにごま油と大豆油をブレンドした油をしく。

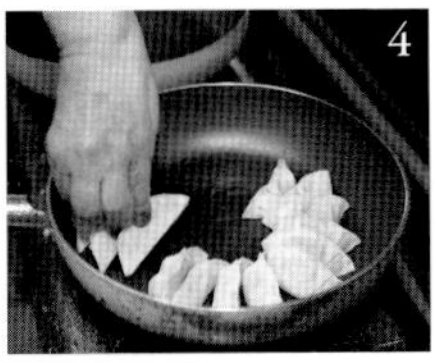

餃子を皮がくっつかないように間を少しあけて並べる。

餃子を並べ終わったら、水180ccを全体に回しかける。

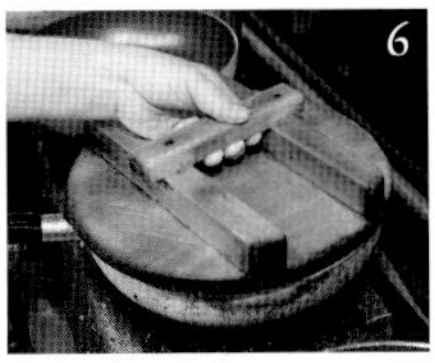

蓋をして強火で7～8分蒸し焼きに。水が偏らないように注意する。

餃子を均一に焼くために2～3回、フライパンを前後左右に回す。

きつね色に焼けたら皿をフライパンにかぶせて返し、油をきる。

石松 浜松本店

住所／静岡県浜松市浜北区
小松 1145-1
電話／053-586-8522
営業時間／11時～14時、16時30分～21時
定休日／水曜日・木曜日
http://www.ishimatsu-gyoza.jp/

市内でも、人が集まる国鉄（現・JR）浜松駅前には餃子の屋台が出店。最盛期には50件もの屋台が立ち並び賑わった。昭和35年に始まる東海道新幹線工事によって屋台は立ち退きを余儀なくされたが、市内に移転して営業するものも多かった。

『石松』の餃子の特徴

昭和28年に浜松駅前で屋台で開業し、浜松餃子の元祖と言われる有名店が『石松』だ。浜松餃子の特徴の一つである円盤型の盛り付け、もやしを添える個性的な形状を考えたのが、創業者の名切義久氏と言われている。

同店の餃子は、名切氏が中国から日本に渡った朝鮮の人に教わり、試行錯誤の末、生産地が近いキャベツを主体に、豚挽き肉、にんにくで作るあんを完成させた。なめらかでモチモチとした薄い皮は、製麺業者とともに作り上げたものだ。

40年前には、二代目の大隅誠氏が浜北に店を構えた後、２００９年に現在の場所に移転し、三代目の大隈純氏が引き継いだ今も、変わらぬ人気を誇っている。

キャベツは、味を均一に保つため10月～3月は愛知産、4月～6月は茨城産、7月～9月は山梨産を仕入れる。カット後に冷蔵庫で2日寝かせ、水分を飛ばしてから使う。キャベツ主体の餃子は今も変わらないが、30年ほど前にある女性に「ここの餃子は土曜日にしか食べられない」と言われたことからにんにくの量を控え、子供や女性にも食べやすい味にした。２００１年には臭みのない遠州麦育ち豚に切り替え、あっさりしながらジューシーで深みのある今の味が確立された。

みじん切りにしたキャベツは、細挽き豚モモ肉、ごま油、全卵、塩、にんにくを合わせた「つなぎ」を混ぜ合わせてあんを作る。あんは一晩冷蔵庫で寝かせ、水けをザルで切ることが、ジューシーに焼くコツだ。

『石松』の焼き方

創業以来親しまれてきた『石松』の餃子は、今もフライパンで蒸し焼きにして作り続けている。この焼き方は、屋台ならではの知恵から始まったものだ。水を加えて蒸し焼きにする焼餃子を作るには、平らな鉄板は向かない。そこで始まったのが、フライパンで焼く手法だ。しかも一度に大量の注文をこなすためには、できるだけたくさんの餃子を並べたい。そこで思いついたのが、フライパンの縁に沿って餃子を並べる、円盤型に並べる焼き方だった。

もやしに関しては、餃子を円形に並べて焼くことで、皿に盛り付けた際、真ん中にできる穴を埋めるために、茹でたもやしを添えるようになった。炒めたキャベツや茹でたほうれん草など、色々試したが、餃子をたくさん食べて脂っこくなった口の中をさっぱりとさせることから、口直しにもやしが定着したのだという。

［裾野・*susono*］

裾野餃子

「日本一の山」富士山の麓に広がる「日本一餃子が好きな町」で注目の味とは

山の裾野にある町、だから裾野市。どの山かというと、日本で「山」と言えば富士山だ。

裾野市は、静岡県東部で富士の南東部の裾野にある5万人弱の町。駅では沼津と御殿場を南北につなぐJR御殿場線の「裾野」「岩波」の2つの駅があり、市域は芦ノ湖、愛鷹山と富士山に囲まれ、東西にいびつな「V」字型になっている。市の中央部を南北に東名高速が走っている。

同じ静岡県の中でも、静岡市や浜松市などに比べて今一つ知名度の低い裾野市だったが、今、餃子を中心に盛り上がりを見せ始めている。

そのきっかけは、２００２（平成14）年のこと。町

【すそのギョーザ倶楽部】

2002年に行われた市のグループによる研究により、市民１万人あたりの餃子取扱い店舗数が、餃子で有名な宇都宮市や静岡市を大きく上回ることが判明。この事実から町おこしの一環として裾野市商工会が中心となり発足。現在は静岡県内外のイベントで裾野餃子をPR。

http://www.susono-gyoza.jp/

おこしのために、市のグループが中心となって行ったある研究だった。

市内にある飲食店全50店舗を調査したところ、32店で餃子を出していることが分かった。1万人当りに換算した餃子取扱い飲食店数では、何と6・04店に

ギョーザ(6個)
400円

『幌馬車』オリジナルの焼餃子。豚肉にキャベツとニラが中心のあんを薄めの皮に包み、すぐに焼く。味は濃い目なので、何も付けなくても美味しいという。

裾野市は静岡県の東、日本一の山・富士山のすそ野にある、知る人ぞ知る餃子の町。

町の各所では、「餃子の町」ののぼりが置かれていて観光客の興味をさそう。

もなる。ちなみに餃子日本一の宇都宮市が4・45軒、同じ県内の静岡市でも4・23軒。裾野がダントツ1位なのだ。

　確かに地元では市販の皮を購入して、各家庭で餃子をよく作り、よく食べている。市内のスーパーの惣菜売り場では、餃子の販売量が第1位、冷凍食品販売数でもコロッケとわずかな差で2位である。そこで餃子を町おこしの核とし、「すそのギョーザ倶楽部」が発足した。

　しかし人口当たりの店数は多いが、専門店が1軒もない。何より、他地域とは「分母」の桁が違う。「日本一」とは名乗りにくい。そこで謙虚に「日本一　ギョーザの好きな町」とした。

　それでは、なぜ裾野市では、餃子が食べられているのか。

　実はこれがよく分かっていない。地元で調査しても、「いつの間にか食べていた」という声がほとんどだった。しかししつこく調査を進めると、昭和40年代頃からではないか、と分かってきた。

　裾野市はもともと純農業地帯で、三度の食事は自宅が中心。かつては外食もほとんどされなかった。しかし1960（昭和35）年から企業誘致を行い、大企業の研究所が作られて他地域から人が入ってくると、外食も始まった。

◎静岡・裾野『幌馬車』の餃子の作り方

1
餃子はフライパンで焼く。あんを包んだら、油をしいたフライパンにすぐに並べる。

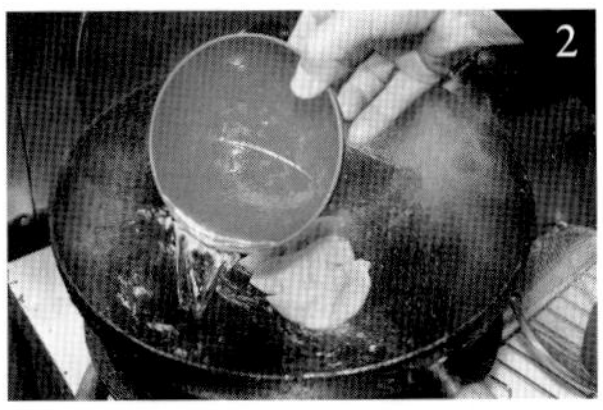
2
しばらく焼いて底に焼き目を付けたら、水溶き片栗粉を餃子にはかけないように注ぐ。

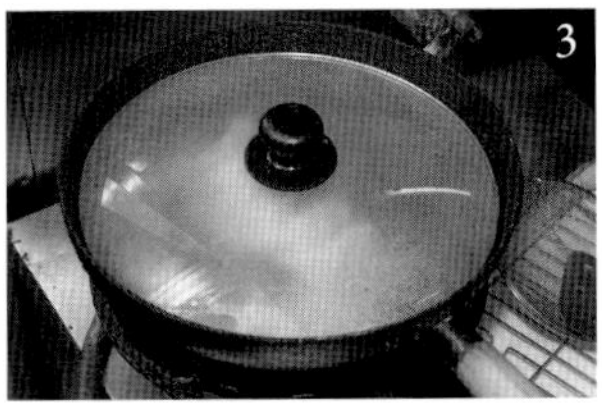
3
水蒸気が上がるので、すぐに蓋をして、強火で蒸し焼きにする。

4
蒸気が出なくなったら、火が入った合図。蓋を外し、餃子の底の焼き目をチェックする。

5
仕上げに、餃子に軽く油をかけて焼く。これで餃子がパリッとした食感になる。

6
でき上がったらフライ返しですくい、焼き目の付いた方を上にして皿に盛る。

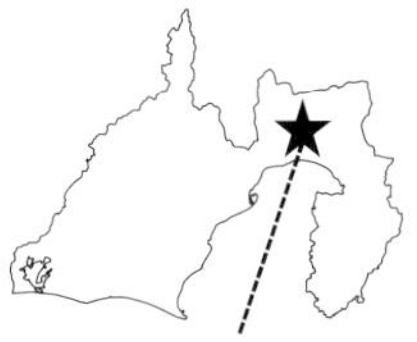

［裾野・*susono*］

くつろぎ処･味処
幌馬車

住所／静岡県裾野市上ケ田 286
電話／ 0559-97-4438
営業時間／17 時 30 分～ 22 時
定休日／月曜日

また折からの新幹線工事（1959年工事着工、1964年開通）に従事するため、沼津や静岡などに出て餃子の美味しさを覚えた人もいたかもしれない。高度経済成長時代は生活が豊かになり、食生活にも変化が起きたが、同じ県内に餃子の町があったことから、「餃子＝新時代の食」として裾野市に受け入れられたのではないだろうか。

『幌馬車』の味の特徴

　昭和55年、ラーメンがメインの店として開業した『くつろぎ処・味処　幌馬車』は、ご主人の勝又昭さんと奥さんの綾子さん2人が切り盛りする店。四代前のおじいさんが、バスの代わりに幌馬車を引いて、地元から伊豆半島西の付け根にある三島大社や沼津まで何往復もしていたのが名物で、それにちなんで店名を付けたという。

　御殿場線の岩波駅から車で5～6分のところに立地する同店は、観光客も来店するが、ほとんどのお客は地元の人だ。

「餃子は子供の頃から近所のどこの店でも出していました。うちでもお客さんからの要望が何度もあったので、開業して3～4年たった頃からメニューにのせました。今でも餃子は、ラーメンとのセットでよく注文されます」

　と勝又さんはいう。どこの店でもメニューにあるというほど、地元の人にとっては、今でも餃子はなくてはならない食べ物のようだ。

　同店で店独自に手づくりする焼餃子は、キャベツとニラが中心で、豚肉と合わせて作るあんを、注文のつど包んで焼く。皮が薄めなので、あんの水分を吸わないよう、作り置きしないことで美味しさを保つようにしているのだ。

『幌馬車』の焼き方

　ラーメンがメインの『幌馬車』では、餃子はフライパンで焼く。

　油を薄くしいて熱したフライパンに、あんを包みながら餃子をのせ、最初に焼き目を付けるのが同店の焼き方の特徴。しばらく焼いて餃子の底に焼き目を付けたら、水を注ぎ、蓋をして強火で蒸し焼きにする。水分がほぼ蒸発したら蓋を取り、仕上げに軽く油を差してさらに焼き、蒸し焼きでふやけた皮をパリッと焼き上げて完成。底のこんがりとした焼き目を上にして皿に盛る。

「あんは野菜が多めで、皮も薄めのものなので、食べたときにふわっとした感じが特徴です。お酒にもよく合います」と綾子さん。

　好みでラー油をたらした酢醤油で食べるが、あんにやや濃い目の味を付けているので、何も付けなくても美味しいという。

津ぎょうざ

[津・*tsu*]

女性の拳大ほどもあるジャンボサイズ！

学校給食から生まれ、全国に拡大を続ける餃子

餃子は、今や日本の国民食ともいえるほど、幅広い年齢層に注目されている。それは、家庭や飲食店以外の場所でも人気を集めているからである。その〝場所〟とは、学校だ。

学校給食の献立でも、餃子は人気メニューの一つとして挙げられることは多い。子供の頃から給食の献立を通じて餃子の魅力に接してきたため、大人になっても餃子への愛着は強い。それが、今日の餃子人気を支えているといえる。

その学校給食から生まれ、今や地元を代表する名物料理にまでなっているのが、三重・津の「津ぎょうざ」だ。

【津ぎょうざ協会】

三重県企業産業展に県内ご当地グルメとして出店（写真上）したり、「津まつり」にも出店したり（同左）と、「津ぎょうざ協会」は県内の各種イベントへの出店を行い、町を盛り上げている。写真右の「津ぎょうざ学習帳」は、市民ボランティアが中心に活動する「津ぎょうざ小学校」が発行しているもの。

http://tsugyozakyokai.com/index.html

津ぎょうざ(1個)
300円

直径15㎝の特注の皮で包んだ「津ぎょうざ」は、女性の拳大もあるかというジャンボサイズ。『いたろう』では、1985年に学校給食で出されたメニューのレシピをベースにして、ラーメンスープやかえしを加えてオリジナルの味に仕上げている。オーダーごとに包んで揚げており、サクサクした皮の食感とジューシーなあん、干しエビの香りが食欲を誘う。

「津ぎょうざ」が給食の献立に採用されるようになったのは、1985年頃。旧津市内の小学校の給食を担当する栄養士たちの間で、「栄養バランスが優れていて満足感が得られ、食べて思い出に残る料理」として、餃子が提案されたのがきっかけだ。

　手で包むため、通常の餃子サイズだと全生徒に出すには、1回当たりの仕込みが膨大な数になってしまう。そこで大きな皮を用いジャンボサイズにして、1人1個で満腹感が得られるようにした。調理法も効率を考え、焼くよりはフライヤーなどで揚げる。ここにジャンボサイズ（直径15cmの皮を使う）、揚げて火を通すという2つの定義の「津ぎょうざ」が誕生した。

　結果は大好評で、女性の拳大もあるジャンボな揚げ餃子は、すぐに人気の献立となった。30年経った現在も、「津ぎょうざ」は市内の学校では一学期に一度は出されているほどで、市内で6万人以上の市民に食べられている。

　ただ、卒業とともに給食に接しなくなれば、「津ぎょうざ」を食べる機会も激減してしまう。一定年齢以上になると食べられなくなってしまうという事情から、〝ご当地食〟とはなかなか見なされなかったようだ。

　そうした状況に変化が起きたのが、2008年秋。「津まつり」で市の町おこしをサポートする市民団体が「津ぎょうざ」を試験発売したところ、期間中の2

◎『ラーメン　いたろう』の津ぎょうざの作り方

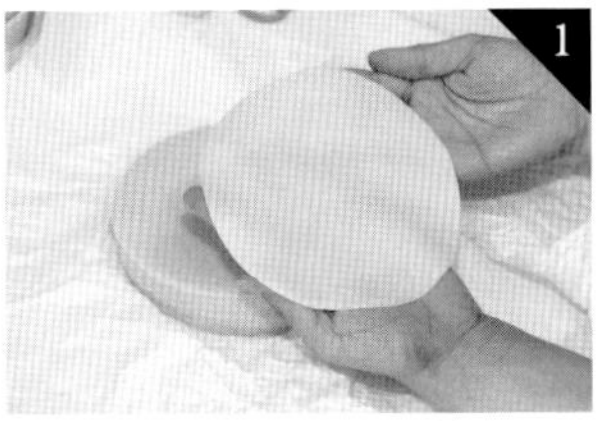

皮は、直径15cmもある特大サイズを使うのが「津ぎょうざ」。

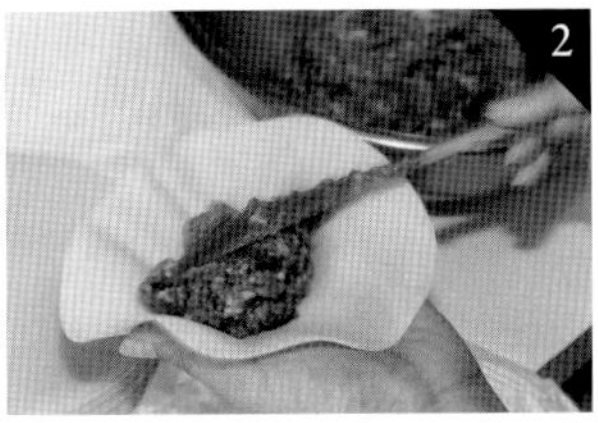

手を広げて乗せた皮に、あんをのせる。あんは1個75～80g。

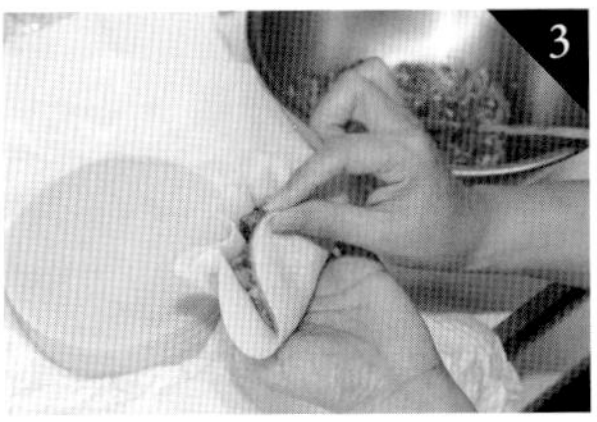

指を起こしながら、手前の皮を持って奥に付けてとじる。

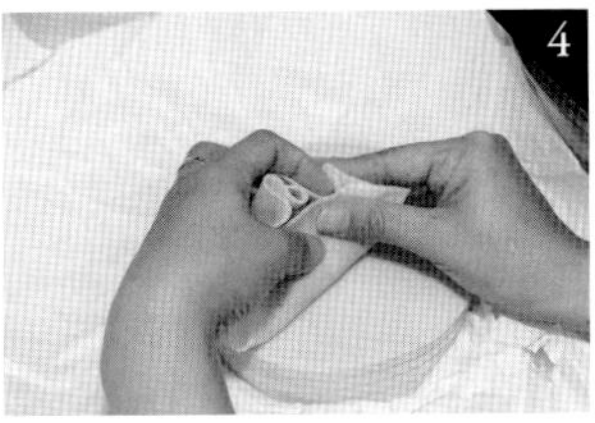

開いた指の間の皮がひだになる。指でしっかりととじる。

170℃のサラダ油に入れ、5～6分かけてじっくり揚げる。

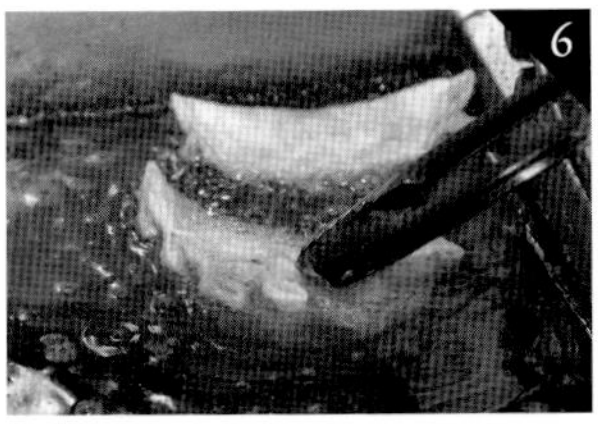

八割がた火が通ったら、こまめに返して全体をキツネ色にする。

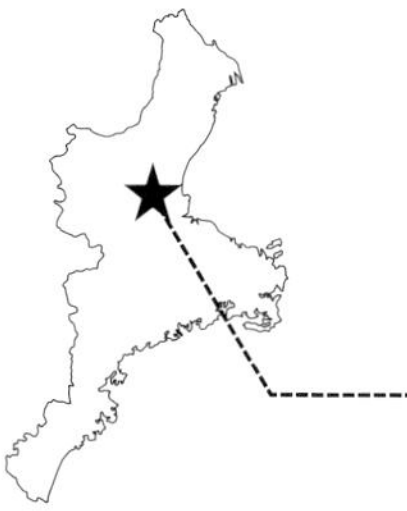

ラーメン　いたろう

住所／三重県津市丸之内 4-20
電話／ 059-223-1600
URL ／ http://itarou2.mie1.net
営業時間／ 11 時 30 分～ 14 時、17 時 30 分～ 21 時
（売り切れ終わり）
定休日／月曜日・日曜日の夜

日間で４００個も売れた。小学校時代に食べて中年になった人たちからは「懐かしい」「ビールのつまみに食べたい」などの声が上がったという。

　このことから、津市のPRのため市内４００店の飲食店にメニュー化が呼び掛けられた。２０１０年には、飲食店や食品加工会社など事業主が参加する「津ぎょうざ協会」が発足。さらに２０１４年には、協会から分離する形で、市民ボランティアが中心になって活動する「津ぎょうざ小学校」が発足。両者の協力により、各種イベントへの参加や催し物の実施など、さまざまな角度から「津ぎょうざ」を通した町おこしが行われている。

『いたろう』の味の特徴

　２０１０年の協会発足に際し、飲食店として最初に手を挙げたのが、『ラーメン　いたろう』の森　正章さんだ。２０１５年11月には協会の新会長に就任し、店の営業のかたわら、協会の運営に力を入れている。

『いたろう』は１９９９年に近鉄津新町駅近くにオープンし、２０１２年に現在の場所に移転。以前は夜が中心のラーメン店だったが、立地上、現在は昼中心の店に。自家製の手もみ麺とコクのある醤油スープで、市内でも人気の店として評判を集めている。

「『津ぎょうざ』を出すに当たっては、当初、学校給食で出されていたレシピをベースにしました。キャベツや白菜は使わず、野菜は玉ねぎがベースです。それに栄養面でのバランスを考えて干しエビを入れているのが当時のレシピです」

　と森さん。このため同店の「津ぎょうざ」は、干しエビの風味が香る。また給食メニューとしてタレは使わないので、タレなしでも楽しめるよう、あんにはしっかりと味を付けている。それに加えて、ラーメン店で出すメニューとして、あんにラーメンスープやかえしを使うことで、ラーメン店らしい独自の味わいを出すようにしている。

　このあんを使い、店では通常は包み置きせず、オーダーごとに直径15㎝の皮で包んで揚げる。手早く包むにはコツが要るので、営業中はもっぱら奥さんの弘枝さんが餃子包みの担当だ。

　揚げ油はサラダ油。やや低めの温度で5～6分、じっくりと揚げる。放っておくと同じ側だけが色付いてしまうので、中まである程度火が入ったら、こまめに回しながら皮全体がキツネ色になるように揚げて仕上げる。揚げ上がりは皮がサクサクで香ばしく、あんの風味と相まって最後まで食べ飽きない。

　２０１６年3月現在、「津ぎょうざ協会」の加盟店は24店。観光客が訪れる地元のイベントや、ご当地グルメへの参加を通じて「津ぎょうざ」の知名度をさらに高め、町おこしにつなげていく予定だ。

全国「餃子の町」の共演

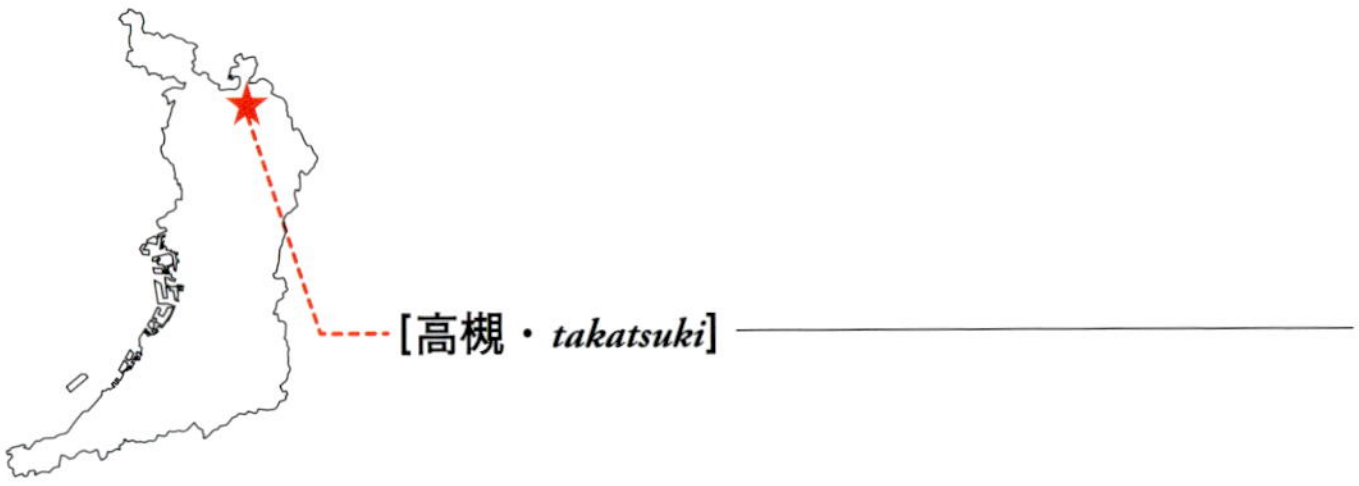

高槻うどんギョーザ

うどん文化の大阪で生まれた、「お好み焼き」にも似た、常識破りの個性が人気！

大阪府の北東端に位置する高槻市は、電車でも大阪駅と京都駅のほぼ同距離にある。そのためか、歴史的には古い町ではあるものの、主に大阪・京都のベッドタウンとして発展してきた町だ。

その高槻には、かつて主婦の知恵から生まれて地元で広がり、現在も市内のいたるところで人気を集める「餃子」がある。それも、これまでの餃子の〝常識〟を覆すユニークな餃子だ。

それが「高槻うどんギョーザ」である。その名の通り、あんの中にうどんが入っている。それが特徴の一つ。しかしもっと大きな特徴がある。皮で包んでいないのだ！

【高槻うどんギョーザの会】

会長の栫　廣美さん。うどんギョーザ登場の1980年代当時からメニューに親しみ、その魅力を伝えたいと会を発足。副会長の青谷久富さん（31ページ上）とともに、同会として各種イベントへの参加や小学校の家庭科での講習会などを通じて盛り上げてきた。写真左は、同会加盟店に配られるのぼり。

http://t-udongyoza.com/

高槻うどんギョーザ（4個）
518円

皮で包んでいない「高槻うどんギョーザ」は、丸く焼かれていて、見た目は小さなお好み焼き風だ。しかし食べると確かに餃子の味がする。皮の香ばしさの代わりに、あんに混ぜられたうどんの端が焼けて香ばしい。あんには卵も入っており、まろやかな味わいだ。

イタリアンうどんギョーザ（4個）
518円

基本の「高槻うどんギョーザ」に、とろけるチーズとピザソースをのせて焼いた、『高崎流居酒屋　道場　高槻店』のオリジナル。チーズのコクとソースの酸味が加わり、ワインにも合う。

皮で包んでいないのだから、餃子ではないのではないかと考えてしまうが、食べると確かに餃子の味がする。それもそのはずで、元々の発祥は正式な餃子から来ているからだ。

生まれたのは、まだ石油危機の混乱も冷めやらない1980（昭和55）年頃。高槻の山手の地域（塚原、南平台、阿武野地区）で行われていたホームパーティーが現場だったという説がある。

「その頃、ママ友同士が集まって各自でよくホームパーティーをしていました。手軽で一度にたくさん作れて楽しめる餃子は重宝しましたが、ある時、皮が足りなくなってしまって、その代わりにうどんをあんに入れて作られるようになったのではないか、といわれています。安くて簡単に作れる点も喜こばれて、その当時から『うどんギョーザ』と呼んでいました」

というのは、「高槻うどんギョーザの会」会長を務める栫《かこい》　廣美さんだ。

その後、栫さんが平成12年頃におばんざいの店を開業したとき、うどんギョーザを思い出してメニューに入れ人気を得た。店を閉める際も、お客からは「うどんギョーザを残してほしい」という声が上がったことから、知人の店で出してもらうようになった。それほど人気の料理だったのだ。

そこでこの料理の魅力を伝えようと平成20年には

◎『高崎流居酒屋 道場 高槻店』の高槻うどんギョーザの作り方

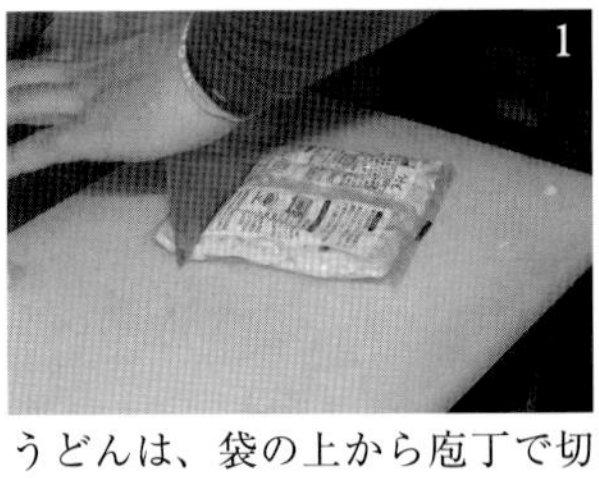

うどんは、袋の上から庖丁で切る。うどんは水に濡らさない。

うどん、ごま油以外の材料を、まず最初によく混ぜ合わせる。

よく混ざったら、カットしたうどんを加えて混ぜ合わせる。

混ぜたら、味が馴染むよう冷蔵庫で3～4時間寝かせる。

油を熱した鉄板に、ディッシャーを使って1個50gをのせる。

コテで軽く押さえながら焼き、焼き目がついたら返し火を通す。

高崎流居酒屋 道場 高槻店

住所／大阪府高槻市城北町 2-3-18
第 2 ホワイトビル 1 階
電話／ 072-670-0770
営業時間／ 17 時～翌 2 時（日曜日・祭日は 24 時まで）
定休日／無休
http://www.doujou.co.jp/takatsuki.html

「高槻うどんギョーザの会」を立ち上げ、普及活動を始めた。翌21年には市のブランド推進委員会が注目し、マスコミにも報道され一気にブレイク。ベッドタウンのイメージから観光にも力を入れようと市が名物料理を探していた頃で、折よく目に留まって話題を集めるようになったというわけだ。

普及の主体となる「高槻うどんギョーザの会」に加盟している店は、2016年3月現在13店舗。ベースのあんは同じだが、業種によってアレンジ。チーズをかけたり、エビを入れたり、タレを工夫したりして店それぞれの味を出す。小学校の家庭科授業でも紹介したりするほか、高槻はお祭りごとが多いので、会として年に何回かイベントに屋台を出したりしている。

『道場』の味の特徴

栫会長と二人三脚で「高槻うどんギョーザ」の普及に努めているのが、同会副会長で『高崎流居酒屋 道場 高槻店』オーナーの青谷久富さん。イベントへの参加だけでなく、自店でも積極的に取り入れ、人気を集めている。

オリジナルのメニューが多い『道場』では、基本の「高槻うどんギョーザ」とともに、ピザソースとチーズをのせてアレンジした「イタリアンうどんギョーザ」も提供。「1日100～200個はコンスタントに出ています」と話すほどの人気だ。

ちなみに、同会が公開している基本レシピとは、約30個分で、豚挽き肉400g、牛挽き肉100g、卵5個、うどん玉600g、椎茸（みじん切り）50g、ニラ（1cm長さ）200g、にんにく（すりおろし）15g、ごま油15g、塩・胡椒10g。

うどんとごま油以外の材料をボールで混ぜ合わせ、混ざったらうどんとごま油を加えて混ぜる。ここでのポイントは、

「うどんは袋の上から庖丁で押さえるようにして切ることです。うどんは水に濡らすと、生地がまとまらなくなりますから」（青谷さん）

さらに材料をすべて混ぜ合わせたら、冷蔵庫で3～4時間寝かせる。このことでうどんが水分を吸って味がさらに馴染み、焼いても割れないようになる。保存がきかないので、1日で使い切るようにするのも、味良く作る秘訣だ。

用意したあんは、サラダ油を熱した鉄板で焼く。見た目は小さなお好み焼きだ。のぼりなどに描かれたイメージキャラクターにも見られるように、お好み焼きのコテを使って押さえ、返すところも大阪らしい。

酢醤油をつけると、ご飯にもビールにも合う「高槻うどんギョーザ」。食べた瞬間は餃子の味で、焼けたうどんの端が香ばしい。卵が入るためか、味わいはまろやかだ。

全国「餃子の町」の共演

八幡餃子

「餃子」人気到来で、元・高炉の町の活気が再燃！
スタミナ食から女性向けまで、豊かな個性が特徴の八幡餃子

［八幡・*yahata*］

九州北端にあって、門司、小倉、戸畑、八幡、若松と、それぞれに個性ある町として栄えた5都市が、戦後に合併してできた北九州市。中でも八幡は、教科書でも「鉄の町」として紹介されているように、明治時代に官営の「八幡製鐵所」が作られた。戦後は高度成長期を下支えする重工業の中心地として、溶鉱炉の熱気そのままに発展してきた町である。そして、「八幡餃子」が生まれた町でもある。

なぜ、八幡の町で餃子が人気を集めたのか。それには理由がある。

溶鉱炉の仕事は、高温下での重労働である。汗を大量にかくうえ、スタミナも必要。それゆえ、仕事帰り

【八幡ぎょうざ協議会】

2006年に町の有志が集まり、餃子を提供する店舗と共に八幡の餃子文化の普及・振興、地域の魅力の全国発信を目的として発足。マップ作成やイベント展開などを行うなど全国へ向けて活動。2014年には『全国餃子サミット＆全国餃子祭り』を誘致開催し話題に。
http://yahatagyouza.com/

『福龍ラーメン』

餃子1人前(5個) 230円

昭和40年に開業したラーメン店の餃子。餃子を焼く際に、水ではなく博多ラーメン独特の白濁した豚骨スープを加えて蒸し焼きにするのが特徴。

『ぎょうざ工房 風人』

焼ぎょうざ(10個) 450円

2001年に開業した鉄鍋の餃子店。皮が特徴で、オリジナルブレンド粉を使い、足で踏んで弾力を出す。あんはキャベツとニラ、にんにくと豚肉。にんにくは青森産。

『ママの餃子』

焼餃子(8個入り) 500円

店名通り、お母さんが作る餃子。野菜はキャベツとニラ。肉がやや多めでジューシー。味を濃いめに付けているので、冷めても美味しいのが特徴。

ママの餃子

住所／福岡県北九州市八幡東区白川町 8-8
電話／ 093-662-5512
営業時間／ 16 時～ 23 時
定休日／日曜日・祝日
http://www.mamanogyouza.com/

現在はテーマパークとして保存されている東田高炉跡。高炉で働く工員さんたちのスタミナ食として、八幡の餃子は発展してきた。

に、にんにくのきいた餃子をつまみにビールを飲んで英気を養う人が多かったという。それゆえか、製鉄所の東門の門前町として栄えた中央町には、中国出身の人が店を出し、本格的な餃子が人気を集めていた。当時から、地元では餃子の魅力を知る人が多く、それがベースとなって独自の餃子文化が発展したのではないかと思われる。

　今日、八幡は製鐵所のあった八幡東区と、住宅地である八幡西区に分けられるが、特に八幡西区には独特な餃子文化が育っている。旧満洲（現在の吉林省）の一口サイズの中華系餃子をはじめ、和製餃子の走りとして昭和33年には「鉄なべ餃子」が売り出されたり、最近でも、ネットで話題になっているヘルシーな大根餃子などもこの地から誕生している。

　このように各店が餃子の個性を競い合い、そこにお客が立ち寄って餃子の美味しさを熱く語り合う。そうした中から、２００６年には町のボランティアが集結して、「八幡ぎょうざ協議会」が発足。「八幡ぎょうざマップ」を作り、餃子を県外にもアピール。２０１４年には全国餃子サミットを開催。八幡餃子の名声は全国に一挙に広がった。

　平成27（２０１５）年には明治時代の産業革命遺産として「官営八幡製鐵所」が世界文化遺産に登録決定され、再び町が盛り上がっていることもあり、地元の餃子熱はさらなる高まりを見せている。

　では、八幡餃子とはどのような特徴があるのか。

　全体に小ぶりのものが多く、柚子胡椒で食べるのが特徴だが、それ以外に大きく次の４つにジャンル分けできるのが八幡の特徴といえる。

ぎょうざ工房　風人

住所／福岡県北九州市八幡西区楠木 1-2-20
電話／ 093-695-0411
営業時間／ 11 時 30 分～ 22 時
定休日／不定休
https://www.facebook.com/ ぎょうざ工房 - 風人 -242712935768990/?fref=ts

①鉄鍋の餃子。文字通り丸い鉄鍋で焼いて出す餃子。「鉄なべ」の名で昭和33年にJR折尾駅（八幡駅から博多方向に2駅目）前で開業させた人がルーツと言われている。

②ラーメン店の餃子。こちらの特徴は餃子を加熱する際に水ではなく豚骨スープを入れて焼く点が特徴。

③家庭風の餃子。元々は男性の工員が食べていた餃子は、にんにくがきいていて臭いが強く、女性には食べにくかった。そこで家庭料理風に、にんにくを少なくして女性が食べやすい味に作りあげたもの。

④中国の人が営業してきた、本格中華の小龍包スタイル。餃子は皮が厚めなのが特徴。

八幡の餃子の特徴

①の鉄鍋餃子は、元祖の人が東京で鉄板にのって出てきたスパゲッティをヒントに、すき焼き鍋を使って出したのが始まりだという。

これに当てはまるのが、『ぎょうざ工房　風人《ふうと》』の餃子。鉄鍋に沿って丸く並べる店もあるが、同店は丸い鉄鍋に真っ直ぐに並べるスタイル。経営者の蒔田隆志さん自らが作る、オリジナルブレンドの粉で打ったもちもちの皮も魅力だ。

②に当てはまるのが『福龍ラーメン』。昭和40年開業のラーメン店で、ご主人は2代目の古川隆一さん。餃子はラードを使って焼くが、そこに加える水の代わりに、白濁の豚骨スープを加えてコクを出すのが特徴。あんは、キャベツ、にんにく、ニラ、生姜と豚肉。皮はやや厚めで、キャベツの歯応えを感じさせる餃子だ。にんにくの臭いは抑えてあるので、卓上のにんにく唐辛子醤油を付けて食べる人もいる。

③の餃子に当るのが藤本美加さん、川崎美香さん・秀美さんの『ママの餃子』。

２００６年にオープンした店で、店の餃子は昔から実家で作っていたが、分けてほしいという人も多くいたので、店を始めたという。羽根付きタイプで、冷めても美味しい。２０１０年には〝ＢＱ食ＫＩＮＧ〟のＢＱ部門に八幡餃子の代表として出場し、優勝するなどの実績がある。

それぞれに豊かな個性の餃子の集大成が、八幡の餃子といえる。

福龍ラーメン

住所／福岡県北九州市八幡東区中央 2-16-6
電話／ 093-681-5112
営業時間／ 11 時～ 15 時、17 時～ 20 時
定休日／日曜日

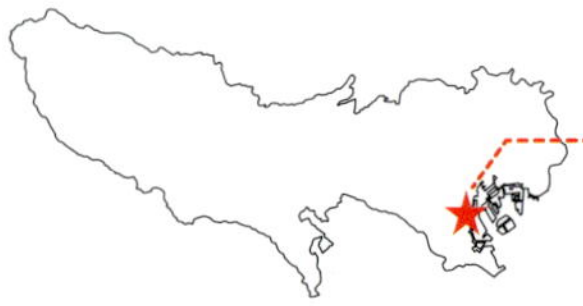

蒲田・羽根付き餃子

焼餃子(6個) 324円

開店以来同じ製法で、変わらぬ味を守り続ける餃子。値段も25年間変えず、据え置き価格で提供している。水溶き小麦粉を流して焼くのが特徴で、周りの「羽根」の部分がパリッとして、中のあんはふっくらジューシー。その食感の対比が大きな魅力となっている。1個の重量は23～24g。

中国家庭料理 你好《ニイハオ》

住所／東京都大田区蒲田 4-24-14
電話／ 03-3735-6799
営業時間／ 11 時 30 分～ 14 時、17 時～ 22 時
土曜日・日曜日・祝日は 11 時 30 分～ 22 時
定休日／無休

パリパリの「羽根」をつけた「羽根付き焼き餃子」を考案。蒲田を「餃子の町」として広めた立役者

JR京浜東北線と京浜急行電鉄の2つの駅を持つ繁華街・大田区蒲田。東京で有名な餃子の町といえば、「蒲田」を挙げる人がほとんどというほど、今や餃子を出す店の多い町として知られている。

蒲田の餃子といえば、水溶き小麦粉を流して焼き、パリパリした羽根を作る「羽根付き餃子」が有名である。その元祖といわれている店が『你好《ニイハオ》』だ。

店主の八木 功さんは、中国・大連で食堂を営んでいた両親と共に帰国。通っていた日本語学校の先生や日本人の友人を招いて水餃子を振る舞ったところ、みんなから「美味しい」と評判になったことがきっかけで、1983年にこの店を開いた。開店当初から提供していた焼き餃子「鍋貼」は、中がジューシーで外がサクッとした食感のよさが魅力となり、「羽根付き餃子」の呼び名でたちまち人気メニューとなった。

「実を言うとこの羽根は、美味しくするためのものではなく、いかに美しく、美味しそうに見せるかを考えて始めたことだったんですよ」という八木さん。

開業前のこと、八木さんは日本の友人から「日本人には焼き餃子が人気だよ」と教えてもらった。中国では焼き餃子は水餃子の残りで作るもので、お客に振る舞うのには抵抗があった。そこで、焼き餃子をもっと見栄えよく出す方法はないかと研究し生まれたのが、小麦粉を水で溶いた液を流し、きれいな羽根を付けた餃子だった。元々は見た目を追求して考えた羽根だったが、美味しさにもつながる結果となったのだ。

羽根付き焼餃子は話題を呼んで店は大繁盛し、やがて八木さんの兄弟たちも、蒲田に次々と餃子店を開いた。今では、八木さん曰く「蒲田には餃子を出す店が60店舗以上ある」というほど、蒲田は「餃子タウン」として知られるようになっていった。

『你好』の味の特徴

『你好』のあんづくりの特徴は、豚肉を自分で挽くこと。同店では、赤身と脂身のバランスがよい豚バラ肉をかたまりで仕入れ、店で粗挽きにする。「挽き肉で仕入れると、このバランスがわからない。思い通りの味を出すには、自分で挽くのが一番です」と八木さん。赤身と脂身の比率は6対4がベストだという。

粗挽きにした肉には豚骨スープを混ぜて味付けし、一晩寝かせる。こうすると、肉が軟らかくなるのだという。そして翌日、白菜や長ねぎなどの野菜を混ぜる。野菜も「機械切りだと、必要な水分まで出てしまうから」と、庖丁で手切りしている。肉と野菜の比率は5対5。醤油、塩、ごま油でシンプルに味付けする。

皮は店で小麦粉から生地を手ごねし、1枚ずつ手でのばす作業を行うことで、薄く柔らかく生地がのび、焼いたときパリッとした食感に仕上がる。小麦粉は強力粉と薄力粉を同割りで合わせて使用。熱湯でこねることで、薄く柔らかく生地がのび、焼いたときパリッとした食感に仕上がる。

あんを包むときはヒダを寄せず、周りを押さえる程度にする。これは中国の包み方で、ヒダを寄せるとその部分が厚くなり、食感が悪くなるからだという。

現在、『你好』は計7店舗あり、全店分の餃子を本店でまとめて作っている。通信販売も行なっているため、1日最低でも4千~5千個、多い日には1万個もの餃子を、8名の調理師で毎日手づくりしている。

『你好』の焼き方

水溶き小麦粉は、まず薄力粉と水をホイッパーで混ぜ、さらに熱湯を加えて薄くトロトロの液を作る。餃子鍋を熱してサラダ油をしき、餃子を並べたらすぐに水溶き小麦粉をまわしかける。蓋をして蒸し焼きにし、水溶き小麦粉が薄く色付いてきたらサラダ油をかけ、焼き目を付ける。羽根の部分がきつね色にこんがりと色づいたら、ヘラで1列ずつ羽根を切って盛り付ける。香ばしいいい焼きたてを、すぐに提供する。

◎東京・蒲田『你好』の餃子の作り方

あんができたらすぐに、鍋貼用の自家製皮で包む。あんは1個につき約15g。

ひだを寄せるとそこだけ厚みが出てしまうので、縁を指で押さえて留める。

餃子鍋に餃子を並べて水溶き小麦粉を流し、蓋をして3分蒸し焼きする。

羽根の部分が色付いてきたら、サラダ油をかけてさらに焼き目を付ける。

羽根がきつね色になったらヘラで1列ずつ切れ目を入れ、焼き目を上にして盛り付ける。

静岡・特大《ジャンボ》餃子

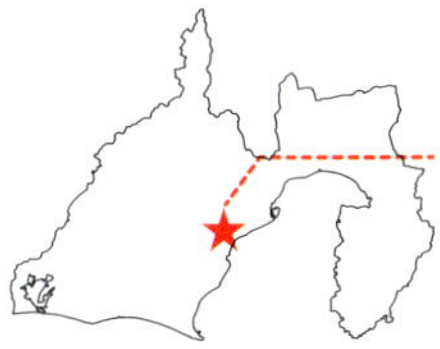

〝静かに熱い〟餃子タウンで人気を集めている餃子は、「それだけでお腹一杯」になるジャンボサイズ！

人口約70万人の静岡市は、静岡県のほぼ中央部に位置する町。２００３年には隣の旧清水市と合併し市街地が広がった。

静岡の食といえば、近年では「おでん」がよく知られているが、餃子も負けてはいない。

２００７年に浜松が「餃子消費額日本一」宣言をし、浜松餃子の知名度が〝全国区〟になって以来、餃子日本一を巡っては「浜松 vs.宇都宮」の構図が定着した感があるが、そもそも餃子日本一を競っていたのは、静岡市だった。総務省の統計では１９９５（平成７）年には静岡が１位に輝いたこともあるほどで、上位入賞の常連なのである。

餃子の話題が浜松市に移ってしまって以来、静岡市の存在感は薄らいでしまっており、実は当初から当の市民の間でも消費量その他の話題に対しては意外と意識されていないという。確かに消費量は現在も多いが、県の観光課で「餃子の町」をアピールする動きは出ていないし、民間でも餃子の動きを盛り上げる有志の声は、これまでのところ伝わってきていない。

だが、それでも静岡は「餃子タウン」である。店数は多く、市内には名だたる名店がある。それらの人気店では、ジャンボサイズの餃子をよく見かける。

旧清水市にある『一元本店』は、そうした店の代表格といっていいだろう。

一元本店

住所／静岡県静岡市清水区
七ツ新屋 2-4-23
電話／ 054-345-2218
営業時間／ 11 時 30 分～ 13 時 15 分、17 時～ 21 時 15 分（日曜日・祝日は 20 時 45 分まで）
定休日／月曜日

餃子（3個） 540円

日頃から餃子を食べ慣れた静岡の人たちに人気がある『一元本店』。同店の餃子は 1 個 80g という超ジャンボサイズで、普通サイズの餃子の 4 倍近い大きさ。柔らかい自家製の皮と、キャベツ中心で野菜たっぷりのヘルシーなあんは、ジューシーでご飯にぴったり。冷めても美味しいので、お土産でも人気がある。

◎静岡・静岡『一元本店』の餃子の作り方

『一元本店』の味の特徴

1960（昭和35）年に創業した『一元本店』は、麺類などでも人気の中華料理店。そして餃子の個性と店のスタイルでも評判の店だ。

同店の名物は、超特大の餃子である。1974年から始めたこの餃子は、普通サイズの餃子のほぼ4倍。1個当り80gもある。

あんはキャベツ中心で、8割が野菜なので食べやすく、一皿3個（つまり計240g）のジャンボサイズでもぺろりと食べられてしまう。にんにくはアクセントで少量だけ入るが、臭いは気にならない。ご飯にぴったりの餃子である。

製麺工場も営んでいるため、麺同様に皮も自家製。

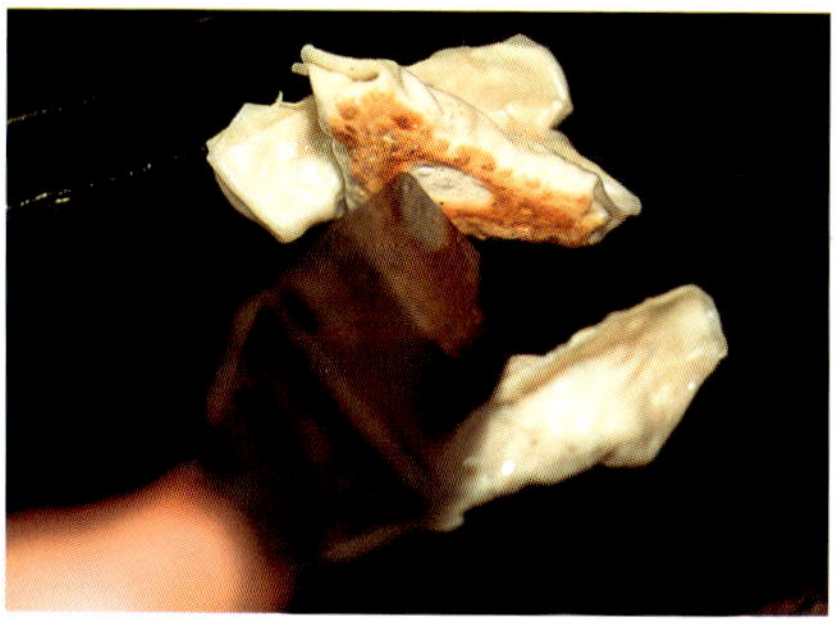

1個80gという超特大の餃子は、焼きすぎて皮を焦がさないよう、短時間で中まで火を通す必要がある。そこで同店では、鍋に餃子を並べたら、水ではなくお湯を注ぎ、蓋をして蒸し焼きにすることで、短時間であんの野菜と肉に火を通す。水けが飛び、中まで火が通ってはじめて油を差し、強火でさっと皮に焼き目を付けるようにする。底の周りがきつね色になったら、ヘラで返して焼き目の様子を確かめ、皿に焼き目を上にして盛り付ける。

餃子の味を楽しんでもらうために、店内の客席はオールタイム禁煙。喫煙者のためには、入口の外に喫煙席も用意。

この皮にも特徴がある。自家製の皮は円形ではなく11cm×15cmの四角形。この形でないと大きな餃子は包めないという。だから餃子の形も、他店とは少しちがうのだ。

さらに同店は、店内はオールタイム禁煙（喫煙席は入口の外）で家族客をはじめとして、安心して食事を楽しみたいという人たちで賑わっている。

『一元本店』の焼き方

超特大の餃子は、皮を焦がさずに中まで火を通す必要がある。

そこで同店では、鍋に餃子を並べたら初めに水ではなく湯をたっぷりと注いで強火で加熱。中まで火が通ってから、油を差して皮に焼き目をこんがりと付ける。ヘラで裏返してみて、きれいな焼き目を確認したら、1個ずつすくって皿に盛り付ける。かぶりつくと肉汁が流れ出るジューシーさが魅力だ。

知る人ぞ知る個性派「餃子タウン」

大阪・ひと口餃子

ひとくち餃子(焼き餃子20個) **950円**

創業以来30年以上、ひと口餃子を“大阪名物”として印象づけた『点天』の餃子である。扇形で平たい独特の形が特徴で、中のあんは厳選した高知県・土佐香美地方のニラの風味を活かし、「ピリッとカリッと香ばしい」風味で酒を進める味わいとなっている。

餃子専門店　点天

住所／大阪府大阪市此花区島屋 4-4-12（本社）
電話／ 06-6462-5621
http://www.tenten.co.jp/
フリーダイヤル 0120-888-399

神戸の南京町を控え、餃子チェーンが鎬《しのぎ》を削る関西は、昔から餃子が多い地域。特に大阪は、個性的な餃子が多い土地柄だ。中でもひと口サイズの餃子は、ご飯におかずや酒の肴としても楽しまれ、〝大阪名物〟の一つとして定着している。

そのひと口サイズ餃子を大阪名物として広く知らしめたのが、『餃子専門店　点天』だ。全国にテレビCMを積極的に流しており、関西地区ではすっかりお馴染みのブランドである。

同店は、1977（昭和52）年4月に大阪・北新地で開業した餃子専門店。かわいい扇形に加え、ひと口で食べられる手軽さや、酒を進ませる独自の味が話題を呼び、当時から新地のクラブのお客やホステスさんにも人気を集めてきた（現在は閉店）。

1988（昭和63）年には、テイクアウト専門店をいち早くデパートに出店。現在、北海道から大阪までの各地のデパートに10店舗、駅や空港7カ所に23店舗のテイクアウト専門店を展開。ひと口餃子を大阪発の食べ物として各地に伝えてきた。

さらに、それまでは庶民的なイメージが強く、テイクアウトも家庭で食べるための利用だった餃子を、折箱に入れることによって高級感のあるものにし、贈答品としても人気を集めている。

『点天』の味の特徴

ひと口サイズが売り物の同店の餃子は、扇形の包み方が見た目にも個性的。1個約9gである。創業が夜の町・キタ新地だったこともあり、酒の肴として合うよう、焼き上がりはピリッと辛く、パリッとした薄焼き煎餅のような食感が特徴である。

あんは国産の豚挽き肉とニラ、白菜、ごま油と香辛料などを加えて作る。香辛料の辛みが酒を進めるのが『点天』の餃子だが、その素材の中でも、特に素材で重視したのがニラだった。

ひと口で食べられるサイズの餃子だからこそ、口に入れたときのインパ

1977年に『点天』が開業した大阪・キタ新地。クラブのお客やホステスさんなどの手土産としても重宝されてきた。

生餃子を中心にデパートや駅、空港の店舗で販売。折箱入りの餃子は贈答用としても人気。オンラインショップでも販売し全国へ配送している。

◎大阪・大阪『点天』の餃子の作り方

餃子は1個約9g。扇形の平たい独特の形が、『点天』の餃子である。

自動餃子焼き機の鉄板に、まず薄く油をしいてから餃子を並べる。

餃子焼き機の蓋を閉めたら、自動的に水が注がれる。そのまま蒸し焼きにする。

水蒸気が出なくなり、餃子に火が通ったら、蓋を開けて取り出し、皿に盛る。

クトを出すためには、味とともに香りや歯触りも重要になる。そこで良質のニラを求めて産地を厳選し、最終的に高知県・土佐香美地方で収穫されるニラを採用。シャキシャキとした食感をあんに持たせている。

　餃子に使う皮は、やや小さめの円形のもの。この皮の中央にあんをのせ、二つ折りしてからひだを2ヵ所作って、変型の扇形に包む。一般的な餃子の形とは異なり、扇形で厚みが薄く、平たいのが『点天』の餃子の特徴である。

　あんに使う挽き肉のうま味、ニラの風味、白菜の自然な甘さ…など、同社では新鮮な素材の持ち味を極力活かすために、創業以来、餃子の「当日製造」「当日販売」に徹する。全国に配送している餃子に関しても、鮮度にこだわり、迅速な配送に努めている。

『点天』の焼き方

　現在『点天』の店舗は、持ち帰り専門店のみで、生餃子を中心に販売するが、一部店舗では、焼いた餃子も販売している。

　同店で餃子を焼くときは、自動餃子焼き機を使っている。油をなじませた鉄板に餃子を並べ、蓋をすると自動的に中に水が注入されて蒸し焼きができるというものだ。水の蒸発する音が止んだら完成の合図。蓋を開けて皿に盛り付ける。前述のように、同店の餃子は一般的なものに比べると平たいので、焼き時間は3〜4分とスピーディーだ。焼き上がった餃子は、酢醤油に、お好みでラー油を加える食べ方を勧めている。

知る人ぞ知る個性派「餃子タウン」

神戸・味噌だれ餃子

[神戸・*kobe*]

焼き餃子(1人前6個) **430円**(写真は3人前)

味噌だれで食べる焼き餃子の発祥の店と言われるのが『ぎょうざ苑』。ここの人気が広まり、神戸では味噌だれを置く餃子専門店が多い。『ぎょうざ苑』の餃子は、昭和26年の創業の味が守られ、その日に伸ばした皮に、その日に仕込んだあんを包む。あんににんにくは入らず、ラー油も置いてない。

元祖 ぎょうざ苑

住所／兵庫県神戸市中央区栄町通２丁目 8-11
電話／ 078-331-4096
営業時間／ 11 時 45 分～ 15 時（ラストオーダー）、
17 時～ 21 時（ラストオーダー 20 時 30 分）
定休日／月曜日（祝日の場合は振り替え）
http://www.ganso-gyozaen.co.jp

祖父が満州でおぼえた独特の皮と具の作り方、焼き方、そして味噌だれの伝統を守りつつ、新たな挑戦も！

神戸には、焼き餃子を味噌だれで食べている店が多い。神戸風の独特の食べ方だが、その発祥の店と言われているのが『元祖 ぎょうざ苑』。創業は昭和26年。

現在、店主は3代目の頃末灯留さん。その祖父の頃末芳夫さんが、中国・満洲に渡ったときに覚えた焼き餃子を、満洲で日本人が考えた味噌だれという食べ方で提供しようと、戦後、帰国して、神戸・新開地にオープンした。「ぎょうざ苑」という専門店であることが明確な店名からも、「餃子は日本でヒットするに違いない」という確信が初代にはあったように推測できる。

中国には、もともと焼き餃子はない。餃子と言えば水餃子のこと。その水餃子が余ったときに、鍋に並べて焼いて食べたのが焼き餃子。鍋に並べるので「鍋貼」（コーテルと発音）と呼んだ。

『元祖 ぎょうざ苑』では、創業時から、水餃子と海老餃子、鍋貼、ジャジャ麺を出している。鍋貼と書いて「やきぎょうざ」と読み仮名をふって品書きに書いていた。ただ、水餃子は、食糧難のときのすいとんに似ていると嫌がるお客もいたそうで、創業時から焼き餃子の評判はよかったという。

新開地から現在の南京町の場所に映ったのが昭和31年。昭和32年に撮影した貴重な写真が残っている。

その写真（左の写真）を見ると、鍋貼が1人前50円、ご飯とスープが付く定食が100円。当時、とんかつ定食が100円だったというので、餃子定食もご馳走

昭和 32 年の「ぎょうざ苑」。帽子をかぶって立っているのが、2 代目の憲作さん（当時 17 歳）。その左側に創業者の芳夫さん（当時 52 歳）。いま使っている鍋、フタも写っている。カウンター上の品書きに、「鍋貼」と書いて「やきぎょうざ」と読み仮名がふってあるのがわかる。1 人前 50 円ともある。

だったと言える。餃子の皮を伸ばす台と機械の位置も、焼くのに現在使っている鍋も蓋も祖父の時代から変わらない。そして初代の作り方も、2代目の憲作さん、そして3代目の灯留さんにそのまま受け継がれている。

　皮は自家製。強力粉と水と塩と油をこねて、寝かせた生地をローラーに通してコシとハリを出す。伸ばした生地は、直径10cmの筒を当ててくり貫く。創業時は茶筒の蓋で抜いていたという。弾力のある生地はのびがいい。あんは、全て手作業で包んでいる。6~7人がかりで、日に5~6千個包んでいる。

　あんは、下味をつけた豚肉とキャベツとニラ。塩は天日塩を使い、うま味調味料は使わず、本場と同じようににんにくは入れない。ただ、要望が多いので、今ではおろしにんにくを客席に置くようにしたという。同様に、ラー油ではなく一味唐辛子を置いている。

　店売り用は、あんも皮も、その日に作ったもので作り、売り切る。2週間で約20kgなくなるという味噌だれは一子相伝。3代目の灯留さんのみが作り方を知る。

　一方、2014年には灯留さんが店を継いで20年目の節目として新たな取り組みも。これまで具に使用していた豚肉の1割を地元神戸のA5ランク神戸牛にかえた。「神戸牛を贅沢な調味料として使った」という言葉通り、具の旨味が増し、ジューシーになったとお客からの反応も上々。原価率も上がったが、売上は通販も入れると2割増しになった。何より、お客様に喜んで欲しいという思いが灯留さんの原動力だ。

兵庫・神戸『元祖 ぎょうざ苑』の餃子の作り方

生地をローラーに通し、直径10cmの筒を当ててくり貫いて、すぐ、あんを包む。

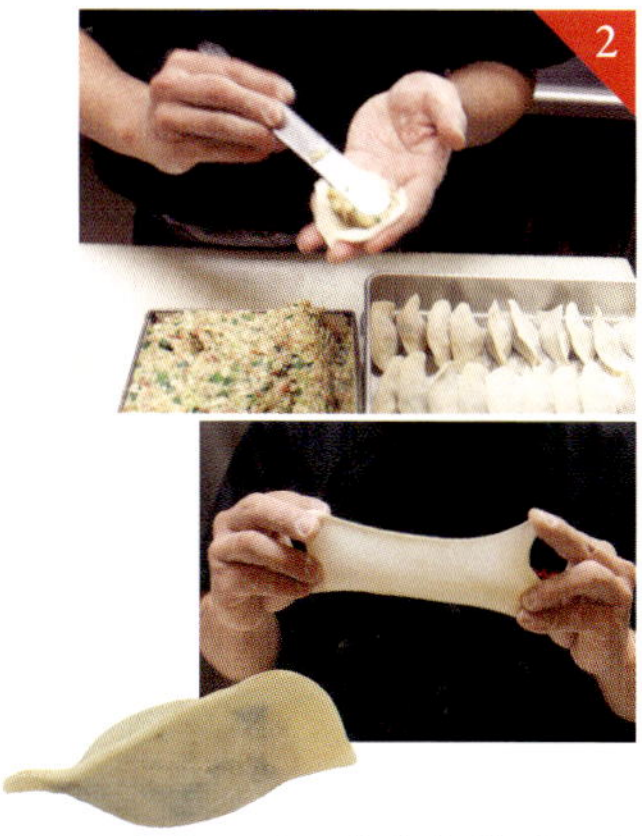

コシとハリのある生地は、よく伸びる。ヒダは作らずに包む。全て手作業。

一度に100個ほどの焼ける大鍋。ピーナツ油で焼く。底に焼き色をつけ、餃子の上からも水をかけて、皮に付いた打ち粉の粉を流し、蓋をする。

水気がなくなる前に蓋を開け、ピーナツ油と湯、餃子から出た肉汁が混ざったものをヘラですくって餃子にかける。こうすることで、餃子の表面に味をつける。

広島・青ねぎ餃子

薬味の「青ねぎ」を入れたたれにつけて食べる！
独自の個性的な食べ方が、古くから人気の広島スタイル

[広島・*hiroshima*]

広島を代表する食べ物といえば、何はなくても広島焼（広島風お好み焼）。その材料である、キャベツと豚肉は餃子のあんに、生地の小麦粉は餃子の皮に食材がダブる。ということは餃子の素材が入手しやすく、広島焼並みに、餃子もよく作られ食べられているのではないか…。

　ということで広島の人気店を取材したところ、思わぬ点で広島ならではの餃子文化が見つかった。広島の餃子のスタイルは、全国の餃子タウンの中でもあまり知られていない個性であり、他でも例を見ない。

　実は広島の町を歩いてみると、餃子の印象があまりない。それもそのはずで、飲食店の店数的には中華系の店よりも、やはり広島焼店の件数が他を圧倒する勢いで、焼肉店や居酒屋などがそれに続くといった様子である。

　広島焼と餃子で使う素材が重なるという点では、店を取材したところ、人気店の餃子にキャベツは使われていなかった。圧倒的な広島焼店の消費の方にキャベツが回ってしまい、他店で入手が困難だからではないかと思いたくなるほどだ。

　では、広島ならではの餃子の個性とは何か。

広島市内で60年近く営業を続ける人気の老舗中華料理店『餃子専門店　王　薬研堀店』の餃子で、それを見てみよう。

餃子専門店　王　薬研堀店

住所／広島県広島市中区薬研堀 3-17
電話／ 082-241-3644
営業時間／ 18 時～翌 2 時
定休日／日曜日・祝日

オリジナル餃子(8個) 500円

広島市で 60 年近く営業を続ける『餃子専門店　王　薬研堀店』の餃子は、1 個 12g のひと口サイズ。創業以来、餃子のあんは、キャベツも白菜も玉ねぎも使わない、青ねぎが主体の個性派。全体をこんがりと焼き、広島の人気店のスタイルで、薬味の青ねぎを入れたたれで食べる。青ねぎ特有の甘みと苦みが特徴だ。

◎広島・広島『王』の餃子の作り方

ねぎはみじん切りにして脱水し、ニラと合わせてから豚挽き肉を加える。4gの皮に8gのあんをのせ、包んだらすぐに多めのラードで焼き上げる。

『王』の味の特徴

同店は、１９５７（昭和32）年創業の中華料理店。創業以来続ける餃子が〝名物〟で、人気を集めている。餃子はにんにくの粒入り「スタミナ餃子」に、「チャーシュー餃子」「しそ餃子」「餃子むすび」とユニークなバリエーションが多く、若者層にも人気だ。しかしこうした豊富なバリエーションだけが同店の人気の要因ではない。

同店の餃子は、ベースのあんが青ねぎが主体なのである。野菜は、他にニラが少々入るだけ。白菜もキャベツも玉ねぎも使わない。青ねぎ特有の甘みと苦みが、同店の餃子の魅力だ。

このあんは、みじん切りにした青ねぎを脱水し、刻んだニラと合わせ、豚挽き肉と合わせたもの。４gの皮に対して、あんが８g。計12gというひと口サイズの餃子にする。

なお、同店のあんは青ねぎ主体だが、他の人気店ではあんの野菜は玉ねぎだけというところもある。あんにキャベツや白菜を使わないのが、広島の人気店の特徴といえる。

『王』の焼き方

『王』では、注文のつど餃子を包んですぐに焼き、焼きたてを提供する。

焼くときはフライパンを使っている。まず縁に沿って餃子を円形に並べる。そこに水と多めのラードを加えて水分がなくなるまで蒸し焼きにするが、ラードが多めなので、焼き上がりが揚げたような状態になるのが特徴だ。皮にこんがりとした焼き色が付き、パリッとしたら焼き上がり。皿に盛る。

焼いた餃子には、酢醤油のたれに刻んだ青ねぎの薬味が添えられる。これは『王』だけではなく他の人気店でもよく見られる。広島では、餃子を青ねぎ入りのたれにつけて食べるという、他では見られない独自のスタイルが確立しているのである。

［博多・*hakata*］

博多・ひと口餃子

玉ねぎ主体、肉は牛肉…etc.。「酒の肴」としてもぴったり！
夜の繁華街によく似合う、博多のひと口サイズ餃子

九州一の賑わいを誇る福岡・博多。市内でも夜の歓楽街として有名な中洲周辺には、３０００軒近い飲食店があるといわれている。それに加えて夕方からは、市内の各所に屋台が出て賑わいに花を添える。

那珂川から見た中洲の町並みの様子。博多の餃子は、夜の町で酒の肴として楽しまれることが多いのが特徴の一つ。

博多の名物といえば、ラーメン、水炊き、玄界灘の魚介料理と様々に知られているが、その陰に隠れて地元ファンだけでなく観光客からも熱い視線を集めているのが餃子だ。意外なようだが、博多では餃子を口にする人たちは多い。博多は、紛れもない「餃子タウン」なのである。

他の「餃子の町」のように必ずしも餃子専門店が多いからではない。もちろん、後半で紹介するように博多には歴史を誇る餃子専門店や、女性にも人気の餃子専門店があり、それらの店が博多の餃子人気を支えてきたことは確かだ。しかしそれだけではない。博多の

餃子専門店　宝雲亭

住所／福岡県福岡市博多区中洲 2-4-20
電話／ 092-281-7452
営業時間／ 17 時 30 分～ 24 時 30 分閉店
日曜日・祝日は、21 時 30 分閉店
定休日／不定休

町の特徴が、餃子の消費拡大に一役買っている。

　博多は、正式な営業許可を得た屋台の数で日本一。市内に160軒前後あるといわれており、餃子を出す屋台もある。市内の屋台の少なくない割合の屋台で、おでんが出されている。そしてそのおでんのメニューとして、「餃子巻き」がごく普通にあるのが、博多である。

「餃子巻き」とは、魚のすり身で餃子丸々1個を包み込んだもの。ゴボ天のごぼうの代わりに餃子が入っているというとイメージしやすい。身近な酒の肴であるおでんを通して、その姿をあまり意識せずに餃子が食べられている。さらに、博多といえばラーメン。ラーメン店で餃子は欠かせないアイテムだ。

　なぜ博多では餃子がよく食べられているのか。古くから「餃子の町」だった八幡に近いため、その人気にあやかって餃子が紹介された可能性も考えられるが、それ以前から絶大な人気を誇る店もある。おでんといい人気店といい、どちらも酒の肴としての比重が大きいのも、博多の餃子の特徴である。

『宝雲亭』の味の特徴

　ひと口餃子発祥の店として知られる『餃子専門店宝雲亭』がその代表格。同店の創業は昭和24年。大戦中に、大陸から近いという地理的条件を活かして、中国からいち早く博多に引き揚げてきた初代が作り上げ

◎福岡・博多『宝雲亭』の餃子の作り方

皮は注文ごとにのす。小判型が特徴。あんをのせ二つ折りにする。

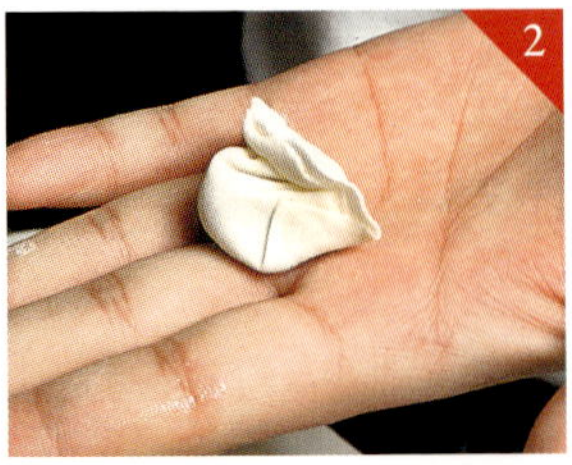

皮の手前側と向こう側を、少しずらして折り、菱型の独特な形に包む。

餃子に水を加えて蓋をし、強火で焼く。焼き色はあまり付けない。

焼餃子 1人前（10個）550円 ※写真は3人前

『宝雲亭』のあんの材料は、合挽き肉に、玉ねぎ、ニラ、塩・胡椒と調味油など。あんの８割が玉ねぎだ。隠し味に一味唐辛子を加える。餃子の皮は直径 5cm程度。

テムジン 大名店

住所／福岡県福岡市中央区大名 1-11-4
電話／ 092-751-5870
営業時間／ 17 時～翌 1 時
（土曜日は 11 時から、日曜日・祝日は 11 時～ 24 時）
定休日／火曜日

た店だ。

ここで修業して巣立った人は多く、『宝雲亭』の屋号を連想させる店名を付けた店は、九州一円に広がっている。

同店の餃子は、大陸での経験を活かして作ったモンゴル風のひと口サイズで、あんの材料は、牛と豚の合挽き肉、玉ねぎ、ニラ、塩・胡椒と調味油。隠し味に一味唐辛子を加える点がポイントだ。

各地で見られる餃子と異なり、白菜やキャベツは使わない。玉ねぎの自然な甘みで楽しむ餃子である。

あんの8割が玉ねぎとなるため、季節により水分量が異なる玉ねぎは、水けを絞るときなどに微妙な調整をする。材料を合わせたら、一晩寝かせて味を馴染ませてから使う。

皮は薄力粉と水だけで作るため、非常に柔らかくて軽い。玉ねぎ中心のあんとのバランスがよく、軽い食べ味でいくらでも入るのが特徴だ。餃子は直径5cm程度とかなり小さめではあるが、1人で180個食べた人もいるという。

中洲のど真ん中で夜からの営業で、酒とともに餃子を楽しむ人が絶えない。1日8000個も売れるほどである。注文ごとに作るので、ピーク時には40分待つこともあるが「キモテキ」や「ニラとじ」で一杯飲みながら、焼き上がりを楽しみに待つのが、同店の「通」

◎福岡・博多『テムジン』の餃子の作り方

1 餃子は、両端と上部の中央の3ヶ所だけを指で押さえて留める。

2 油を薄くしいた鍋に餃子を並べ、鍋肌からたっぷりの水を注ぐ。

3 途中、「差し水」をするのが、同店の焼き方の特徴だ。

焼餃子 1人前（10個） 480円

『テムジン』の餃子は、国産牛肉とオーストラリア産牛肉を合わせた肉に、スパイスを含めて17種類もの材料が入る。酢醤油に、赤柚子胡椒を落として食べる。

の楽しみ方だ。

『宝雲亭』の焼き方

包み方にも同店ならではの特徴があり、一般的な餃子のように三日月形に包むのではなく、菱形に包んでいる。焼く際は、特注の油をしいて包みたての餃子を並べ、水を加えて蒸し焼きにしたら、焼き目を上にして盛る。

『テムジン』の味の特徴

博多を代表するもう一つの店が『テムジン』だ。こちらの開業は、昭和38年。

新聞社の社長室長が提案した「ジンギスカン」という屋号を、当時は若かった創業者の故・原田善勝さんが偉大すぎて荷が重いからと、ジンギスカンの幼名の『テムジン』に決めたという。前述の『宝雲亭』はモンゴル風のひと口サイズ餃子。奇しくも博多を代表する餃子店2店が、モンゴルのキーワードでつながっているのも不思議な縁だ。

博多市内に6店舗を展開する同店は、1人で来店する人もいる。女性ファンが多いことでも知られる専門店。餃子は親指大ほどのひと口サイズで、パリッと焼かず、しっとり焼き上げるのが同店流。もっちりした優しい口当たりが人気の秘密だ。

同店の餃子のあんは、肉に国産牛肉とオーストラリア産牛肉を合わせて使う。豚肉は使わない点で、他店とは一線を画す個性的な味わいを特徴とする。他は玉ねぎにスパイスなど、17種類もの材料を加え複雑な風味を引き出す。野菜類と肉の比率は7対3にして、軽い食べ味に仕上げる。

皮は水と小麦粉のみで練って作る。もっちりとした食感がビールにもよく合う。

『テムジン』の焼き方

同店では焼く直前に餃子を包むようにしているが、小さくても食べたときにあんが出やすいよう、包むときに3ヶ所しか皮を留めないのが特徴である。

また包み終えた餃子は、台に叩きつける。これにより、餃子が小さくても「底面」ができ、焼き上がりにきれいな焼き目を付けることができる。

焼く際は、大型の餃子鍋を使う。油をしいた鍋に餃子を並べ、水を鍋肌にかけるようにしてたっぷり注ぎ入れる。蓋をして蒸し焼きにするが、同店独特の技法として、一度だけ「差し水」をする点がユニークだ。鍋の大きさに対して餃子が小さいため、水分が早く飛ぶが、「差し水」で生焼けを防ぐことができる。再度蓋をして蒸し焼きにし、水分が減ったら蓋を取り、完全に水分を飛ばして皿に盛る。

九州では柚子胡椒をよく使い、餃子を食べる際にも使われるが、同店では赤唐辛子で作る赤柚子胡椒と酢醤油をつけて食べる。

人気店の餃子

各地で絶大な人気

チェーン店の餃子

手軽に楽しめて、ご飯にも酒にも合う餃子。
若者層にも中高年層にも人気を集める餃子の店は、古くから各地にある。
ここでは、そうした人気店を紹介。
またチェーン店でも、個人店に負けない熱心なファン層を掴んでいる。
各地で絶大な人気を誇るチェーン店の餃子も紹介。

スヰートポーヅ

東京 神保町

◉餃子（中皿）750円

創業者が中国・大連で技術を習得し、現地の製法で昭和 11 年から提供し続けている、老舗の焼餃子。皮の真ん中だけを閉じて、両端が空いたままの包み方が独特だ。あんの肉汁を中に閉じこめるのではなく、あえて外に流れ出るようにして、皮に旨味たっぷりの肉汁をしみ込ませる。皮の美味しさを味わう、中国仕込みならではの製法で作られる。餃子は小皿（8 個）、中皿（12 個）、大皿（16 個）の三段階があり、それぞれライス付きのセットも用意。醤油ベースのしっかりした味付けが、ご飯にもよく合う。

昭和11年に日本で、本場仕込みの餃子店を開業。その味を今も守る、「皮も美味しい」焼餃子

　戦前から日本で営業している、貴重な餃子店の一つが『スヰートポーヅ』。初代店主の故・和田忠さんは園芸学校を卒業後、果樹園を営むために中国・大連へ渡り、その後、知り合いのつてもあって料理人となった。そのとき働いていた餃子店の屋号が、『スヰートポーヅ』だったという。

　大連で包子や餃子づくりの技術を覚えて帰国した和田さんは、昭和11年、東京・神田神保町に『満州』の屋号で食堂を開業した。当時から餃子を出していたが、日本人にとって、餃子は得体の知れない食べ物で、お客のほとんどは、中国人や中国で生活したことのある人だったという。戦中にいったん営業を停止し、戦後の昭和30年、大連時代の屋号『スヰートポーヅ』の名で再スタートを切り、現在も同じ場所で三代目が当時の味を受け継いでいる。

　店名の『スヰートポーヅ』は、「美味しいポーヅ（包子）」という意味の中国語だという。

「中国語で美味しい味が詰まっていることを〝是味多〟（スィウォートゥ）と発音するらしく、これが店名の〝スイート〟になったようです。当時としてはモダンな店名で、何を売っている店なのかわからない人が多かったと聞いています」というのは、三代目店主の和田智さん。

「包子」の店名が付いているが、いつしか餃子の方が人気となり、遠方からも食べに来る人がいるほ

奥に深い店内は昔のまま。レトロなテーブルとイスを置いた町場の食堂の雰囲気で、混雑時には相席となる。

どの有名店となった。

「昔から、店の雰囲気も、餃子も、メニュー構成も、ほぼ変えていません。私は三代目ですが、お客様も親子三代に渡って来てくださる方が多いんです。場所も変わっていないので、昔を懐かしんでやって来る人もいるし、古本屋を回ってここで食事をするのが定番コースになっている常連さんもいます。だから、味を変えることはできないんです」という和田さん。

メニューは今も、焼餃子、水餃子、天津包子の3種類のみ。一番人気の焼餃子だけは、単品の他に、餃子にライスが付いた「餃子ライス」と、餃子にライス、漬け物、味噌汁が付いた「定食」のセットも用意する。「水餃子」（8個）700円と「天津包子」（5個）810円は、13時以降から注文を受けている。

『スヰートポーヅ』味の特徴

同店の餃子は、初代が中国で学んだ本場仕込みの製法を今も守り続けている。

あんの材料は、豚挽き肉、キャベツ、玉ねぎなど。挽き肉は粗挽きで、肉の旨味と食感がしっかり味わえるようにしている。中国の餃子と同じく、にんにくは使っていない。これらの材料を、醤油をベースにしっかり味付けする。

皮も自家製で、焼餃子用と水餃子用に分けて作っている。焼餃子用は通常の皮に比べてやや厚めの生地。ポイントは、材料をミキシングした後、生地を半日ほど寝かせることにある。こうして生地を熟成させることで、独特の歯ごたえや粉の旨味、甘みも出てくる。

同店の餃子で最も象徴的なのは、独特な包み方だ。皮にあんをのせて二つ折りにし、真ん中だけを閉じる。完全にあんを包み込むのではなく、両端が空いたままの状態にする。これは、初代が大連の店で覚えてきた包み方で、焼いたときにあんの肉汁が外に出て皮

やや厚めの皮にあんをのせ、真ん中を閉じるだけの独特な包み方。この形が同店ならではの焼き餃子の美味しさを作り出した。

スヰートポーヅ

住所／東京都千代田区神田神保町 1-13
電話／ 03-3295-4084
営業時間／ 11 時 30 分～ 15 時、16 時 30 分～ 20 時
第 2・第 4 日曜日のみ 11 時 30 分～ 15 時営業
定休日／日曜日・月曜日

にしみ込み、焼きついて美味しくなるのだという。

　こうして作られる同店の餃子は、厚めの皮が肉の旨味を吸って、パリッとした食感。あんは豚肉の歯ごたえと旨味、キャベツの甘みがあり、皮とあんのバランスが楽しめる。昔から変わらぬ、本場仕込みの手づくりの味だ。

「店舗を増やそうとか、機械で大量生産しようといったことは、考えたこともありません。自分たちの能力以上のことをやろうとすると、絶対に味に影響すると思うからです。その日に仕入れた食材で、その日に売る分だけの餃子を作る。皮を熟成させる時間もそうですが、美味しくするためのそういう時間を大切にしたいんです。手間がかかっても今までの製法を変えずにやり続けてきたし、これからもずっと同じようにやっていくと思います」と、和田さんはいう。

『スヰートポーヅ』焼き方

餃子鍋に油をしくと、余分な油を使うことになる。餃子の底に直接付けた方が、必要な分の油だけ使うことができて合理的。

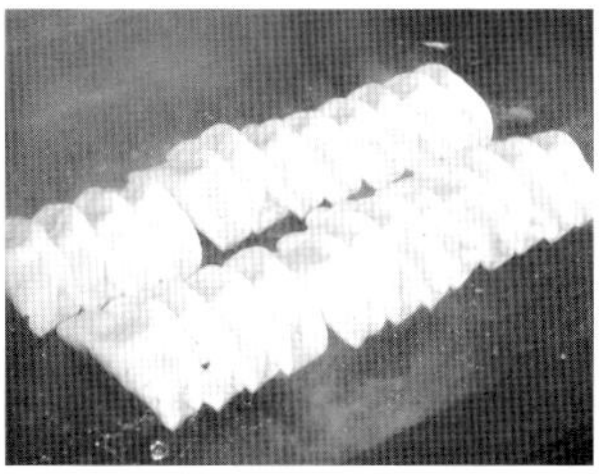

差し水は3回に分けて行うのが特徴。水にも旨味が流れ出ているので、焼いている途中に捨てずに蒸発させるようにする。

同店の餃子は、皮の両端からあんの肉汁を出して、皮にしみ込ませながら焼く。

　餃子鍋は充分に熱し、油をしかずに、餃子の底に直接油を軽く付けて並べる。この方が、無駄な油を使うことなく合理的だという。

　蒸し焼きにする際は、3回に分けて差し水を行う。1回目は餃子を並べたとき、餃子の頭が出る程度に注ぎ、蓋を閉めて蒸す。水けがなくなったら、2回目の水を餃子の半分の高さまで注いで蒸す。最後は、すぐに蒸発する程度の差し水をして蒸す。火力は強火で、最後に皮をパリッと焼き上げる。蒸すときに使う水を捨てる店もあるが、同店ではこの水にも餃子のうま味が流れていると考え、捨てない方針だ。

　食べ方は、あんにしっかり味付けされているので、そのままでも美味しい。酢醤油と洋辛子を付けて食べるのもお勧めだという。

亀戸ぎょうざ 本店

東京 亀戸

◉焼餃子（5個）250円

野菜が多めのあんを薄い皮で包んだやや小ぶりの餃子は、あっさりした味わいが特徴。独自にブレンドしたラードで焼いて、コクをプラスしているのがポイントだ。米酢を使った酢醤油や洋辛子を付けて食べるのがお勧めだが、そのままでも食べられるよう、あんにしっかりと味が付いている。子どもから女性、お年寄りまで幅広い層に人気で、アルコールと一緒に楽しむ客も多く、店内は連日様々な客層で賑わっている。テイクアウトの注文が多いこともあり、週末など多い日で1日1万2000個も売れる。

メニューは焼餃子のみ！　誰もが食べやすい味で、昭和30年創業時から地元客に愛され続ける

『亀戸ぎょうざ』は現在の店と同じ、JR亀戸駅近くの路地裏に、昭和30年創業した。元海軍兵だった創業者の故・石井房次郎さんは、戦後に身内同士で商売を始めようとして選んだのが、餃子屋だった。「なぜ餃子屋を始めたのか定かではありませんが、おそらく海軍にいた頃に海外を回っていた中で、当時の満洲で食べた餃子が印象に残っていたのでしょう」と語るのは、創業者の息子で二代目店主の石井 清さん。

餃子は蒸しておいたものを焼くスタイル。火を通しておくと焼き時間が短縮でき、持ち帰りの際の傷みを防ぐ効果もある。

　同店の焼き餃子は地元客の心を捉え、50年以上も続く老舗店となった。現在は親戚間で支店を広げ、両国、錦糸町、大島と、近隣のエリアに計4店舗を構えている。

　昭和の雰囲気を今に残す『亀戸ぎょうざ 本店』は、庶民的で気取らない店構え。店内に入ると中央に厨房があり、その周りを取り囲むように設置されたカウンター席と、若干の小上がり席がある。店のレイアウトや内装は、創業時から変わらないという。

　同店で提供するメニューは「焼餃子」のみ。正真正銘の焼き餃子専門店である。ライスも味噌汁もなく、ビールや焼酎といったアルコール類、ジュースなどのドリンク類を用意しているだけだ。

「中国では餃子と一緒にご飯を食べないから、父はご飯を置かなかった。どんなにお客さんから〝ご飯が欲しい〟と言われても、親父は出しませんでしたね。この界隈でも有名な頑固親父でしたよ。酔っぱらい客なんかは、よく追い出していましたしね」と、創業者の思い出を語る石井さん。その父の遺志を継ぎ、現在もメニューは焼餃子一本に絞っている。

　同店の「焼餃子」は一皿5個盛りで、一人2皿以上注文してもらうシステム。お客が入店して席に

着くと、餃子を一人につきまず一皿分出す。そして、餃子の残りが2個ぐらいになったところを見計らって、2皿目を焼く。一度に2皿分を出すと冷めてしまうので、お客の食べ具合に目を配りながら、常に焼きたてを提供する。

また、同店では生餃子をあらかじめ蒸しておくのが特徴。餃子を素早く提供するためで、火を通しておくことで焼き時間が短縮できる。また同店では餃子のテイクアウトも多く、持ち帰りの際の傷みを防止するのにも役立っている。

1日に売れる餃子の数は、平日で約8000個、土・日は約1万2千個。週末は店の前に行列ができるが、客席の回転が速いため、お客の多くは並んで待つのだという。平日は地元客が中心で、土・日は子ども連れの家族客も多い。

『亀戸ぎょうざ』の味の特徴

同店の餃子は皮からすべて自家製で、その日に売る分を当日の朝作るようにしている。

「うちの餃子はシンプルな味が特徴。労働者の人がスタミナを付けるものというより、子どもからお年寄りまで誰にでも食べやすい味にしています」という石井さん。

餃子は1個につき約20gで、皮も薄め。中のあんには野菜をたっぷりと使い、にんにくの量は控えめにしている。さっぱりと食べやすいため、一人平均6～7皿、女性でも4～5皿は食べていく。

あんの材料は、豚挽き肉、キャベツ、ニラ、にんにく、生姜。さらに自然な甘みをつけるため、隠し味的に刻んだ人参も少々加えている。春に出回る新キャベツは水分が多いので、その時期だけは白菜をブレンドするなど、時期によって材料を調整し、常に同じ味にするよう心がけている。豚肉と野菜の割合は3対7ぐらいで、野菜を多く使うのが特徴だ。

作った餃子はあらかじめ蒸して

厚手の餃子鍋に、独自にブレンドしたラードをしいて餃子を並べる。昔は銅鍋を使っていたが、現在は鉄鍋を使用。

亀戸ぎょうざ 本店

住所／東京都江東区亀戸 5-3-3
電話／ 03-3681-8854
営業時間／ 11 時〜売り切れまで
定休日／年中無休

7〜8分目まで火を通しておく。作った餃子はその日に売り切り、冷凍保存は一切しない。売れ残ることはほとんどなく、毎日夜の6〜7時には売り切ってしまう。

添える調味料も吟味したものを用意。ラー油は自家製で、さっぱりした餃子の味を損なわないよう、辛すぎないマイルドなもの。酢は寿司店などで使用する米酢でツンとこないソフトな酸味が楽しめる。醤油も上質なものを厳選。また、創業時から付けている洋辛子も、無着色のものを置いている。

『亀戸ぎょうざ』の焼き方

繁忙時は常に餃子を焼いていないと、注文に追いつかない状況になる。そんな中、一度に50個の餃子が焼ける鉄製の丸い餃子鍋3枚をフルに使い、絶妙のタイミングで焼きたての餃子を提供する。

焼き方は、まず熱した餃子鍋にラードをしく。同店では昔からラードを使い、独特のコクのある味わいを出す。ラードはともするとしつこくなりがちだが、同店では2種類のラードをブレンドして、後味が残らないようにしている。

餃子の底の部分にもラードを少しつけて餃子鍋に並べ、とろ火の状態で焦げ目を少々付ける。半分ぐらい色づいたらここで熱湯を入れ、すぐに蓋を閉める。

「水を注ぐと、餃子を煮込むようになってしまう。うちの餃子はすでに蒸してあるので、少なめの熱湯で温める程度に火を通せばいいのです」と石井さん。熱湯を注ぐ際は餃子の横ではなく、餃子の上からかけるのがポイント。こうすると、皮の上の部分がカチカチに硬くならず、均一に焼ける。

熱湯を注いだら、中火にして1〜2分蒸し焼きにする。水分が少なくなったら火を止め、蓋をしたまま余熱で蒸らす。焼き色を見て、カリッと香ばしい色になったら、器に盛り付けて提供する。

少し焼き色が付いたところで熱湯を少なめに注ぎ、餃子を温めるように焼く。水でなく熱湯をかけるのがポイント。

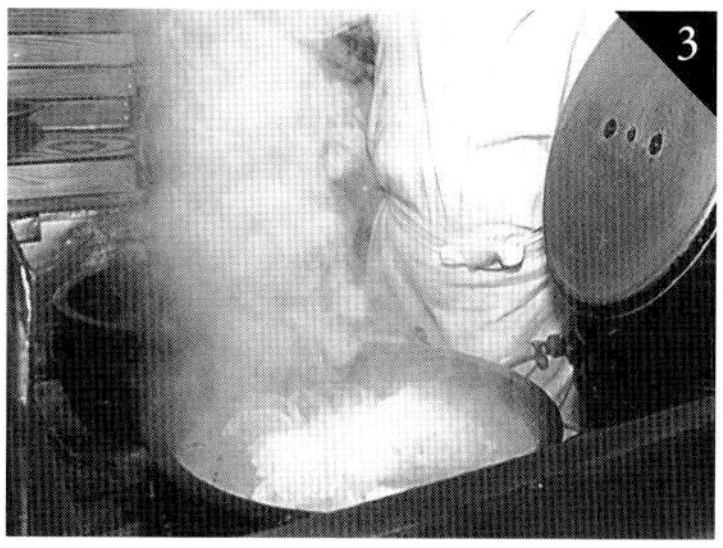

1〜2分蒸し焼きにして餃子が温まったら火を止め、余熱で焼き色をつける。カリッと焼けたら盛り付ける。

餃子の末ッ子

東京 浅草

◉1人前(5個) 400円

『末ッ子』看板メニューの餃子は、女性でもひと口で食べられる小さなサイズ。小ぶりでもすっきりとした餃子らしい形が特徴だ。キャベツが主体のあんは、国産の大玉にんにくの風味などをアクセントにした。野菜と肉の比率は7対3。あんを包む手作りの皮はパリッと香ばしく焼かれており、噛むと野菜の甘みが口内に広がり、何個でも食べられてしまう。持ち帰りや地方発送などでも人気が高い。

半世紀前から、女性も気軽に楽しめる「ひと口サイズ」。キャベツの甘さを活かした餃子は、何個でも食べられる味

ご主人の田中 勝さん。1959年の開業に際して、女性にも気軽に楽しめるようにと、ひと口サイズの餃子を考案。以来半世紀、餃子を看板に人気を集めている。

東京・浅草、最寄の地下鉄「浅草」駅からは徒歩では約20分。千束通り商店街で昭和34（1959）年に開業し、半世紀の歴史を持つ東京の老舗が『末ッ子』だ。

同店は、横浜中華街や台湾料理店などで修業したご主人・田中勝さんが開業した中華料理店。店ならではの売り物にしようとした餃子が人気を呼び、訪れたお客は必ず注文するほどの看板メニューとなっている。今や餃子の店として知られるほどの評判を築いている店である。

名物とされる同店の餃子は、あくまでも餃子らしいすっきりとした形でいながら、女性でも上品に食べられるひと口サイズに仕上げた点が特徴だ。

浅草が地元の江戸っ子ご主人・田中さんは、もとは潜水競技の特待生で大学に入学。だが競技自体の廃止を機に飲食に興味を覚え、大学を中退して中華料理の道に進み出した。中華料理を勉強するうちに餃子が面白いと考え、それまで父が商店街の中で自転車屋を営んでいた場所を借りて独立。22歳のときだった。

なぜ餃子を選んだのか。

「餃子は、皮の炭水化物、あんには白菜やキャベツ、ニラなども野菜類が豊富に入る。単品として中国料理の中では一番バランスが取れていると思いました。肉でコクを出すのは簡単だが、野菜の甘みを活かしたものなら他では真似できないものになるし、女性にも食べやすい。それで、餃子を売り物にしようと踏み切りました」と話す田中さん。修業を活かしての中華料理店だが、当時から餃子を売り物にした。その頃、浅草でも餃子を出す店は2店しかなかったという珍しいものだった。

しかし開業の話に周囲の人は大反対。「『よりによって何で今、店を始めるのか』といわれましたよ」

と田中さん。

店のすぐ裏手には江戸時代から続く吉原地区があり、地元商店街はその利用客で夕方から早朝まで賑わう〝夜の繁華街〟でもあった。ところが独立前年の昭和33年、売春防止法の施行によって吉原の火が消え、商店街にも人けがなくなっていたからだった。お客がほとんど見込めない時期に店を開業しても、失敗するだけだと思われたのだった。

「でも、美味しいものを食べたいという気持ちは誰でもあるものですから、吉原で働いていた女性たちも、通いなれた地元の商店街で食事をしたいと思うときがあるかもしれません。私も商売をする上で、育ってきた地元で働いていた人たちを大切にしたかった。そう思ったとき、商店街に来た彼女たちに美味しいものを食べてもらおうと思いました」と田中さん。餃子づくりに際しては、そうした女性たちが心から楽しんで食事できることを第一に考えた。

ひと口サイズの餃子は、スタッフとともに毎日仕込んで新鮮な風味を楽しませる。地方発送用には急速冷凍をかけたものを用意している。

「仕事柄、彼女たちの多くは世間から一歩引いた倹しい暮らしをしているのを子供の頃から見てきました。ご飯のときも、人前で大きな口を開けて食べるのは恥ずかしいという人は多かったんですね。だから、餃子も女性がひと口で食べられるものを作ろうと思ったんです」

あんの素材や皮との比率、包み方に加え、鉄板や焼き方の加減も試行錯誤を重ねて完成したひと口サイズの餃子は、開業当初から女性の人気を集めた。

『末ッ子』の味の特徴

苦心の末に完成したひと口サイズの餃子は、パリッと焼けた皮にあんがしっかりと詰まっており、野菜の甘みがしっかりと感じられる味。軽くて胃にもたれないので何個でも食べられそうな美味しさだ。野菜7に肉が3の比率で合わ

餃子の末ッ子

住所／東京都台東区浅草 5-17-8
電話／ 03-3875-2274
営業時間／ 17 時 30 分～ラストオーダー 23 時 30 分
(日曜日・祝日はラストオーダー 23 時)
餃子がなくなり次第閉店
定休日／月曜日
http://www.suekko.com/

せるため、コクはあってもあっさりとした仕上がりになるのが同店の餃子。

あんの材料は、野菜がキャベツ、長ねぎ、にんにく、それに合挽き肉。材料は、すべて国産にこだわり、味の決め手となる野菜の質には特に気を使っている。

「キャベツの甘みが肝心なので、季節ごとに甘みのあるものを産地や品種を吟味して使うようにしています」という。そのキャベツは甘みを残す部分を極力使うようにする。

キャベツ以外では、にんにくも味の決め手。大ぶりな国産の特撰品を使う。外国産などと比べると10倍はするほど高価なにんにくだが、田中さんは「このにんにくが『末ッ子』の餃子には欠かせないんです」と今日も使い続ける。

皮も、毎日手でのばして作る。

「餃子の底に来る皮の中央部分を、他の部分の倍の厚さにするのがポイントです。閉じ目は皮を重ねるので、皮の厚みが倍になる。つまり底を厚くすることで、綴じ目と底が同じ厚みになる。そうすると、食べたときにもちっとした感が出てあんの味を受け止めてくれます。この厚みのバランスは機械ではできないから、今だに手でのばしています」と田中さん。

餃子は店のスタッフが包み、地方発送用は冷凍庫で急速冷凍をかけて保存する。

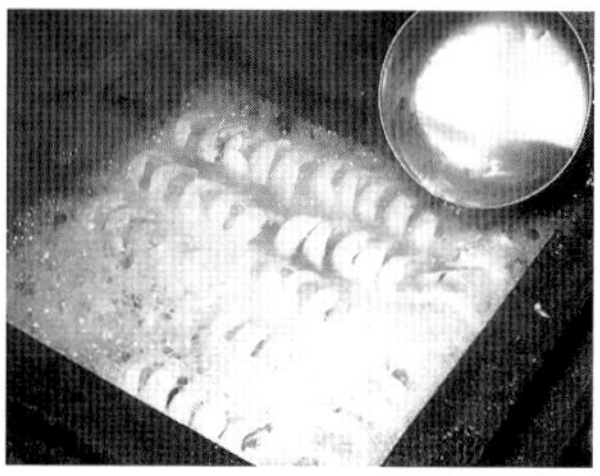

餃子に軽く焼き目を付けたら、たっぷりの水を注いで強火で蒸し焼きにする。火が通ったら、風味を邪魔しないサラダ油を差し、皮にきれいな焼き目を付ける。

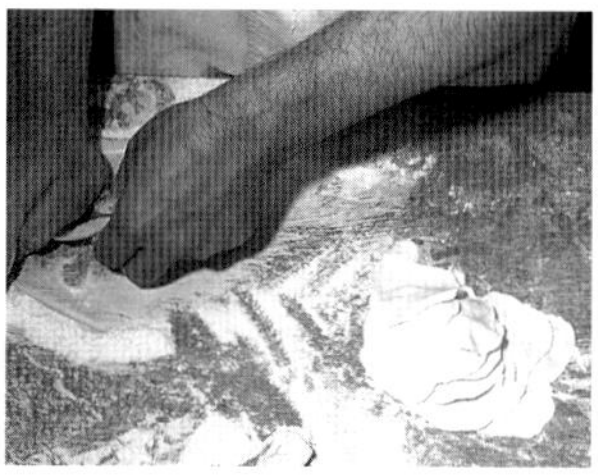

野菜中心のあんのうま味を受け止める皮は、毎日手作り。皮の中央部分の厚みを他の倍にすることで、焼き上げた際にあんとバランスよく食べられるようにした。

『末ッ子』の焼き方

餃子を焼くのは、田中さんの担当。微妙な火加減の見極めが必要だからだ。

熱した鉄板に餃子を並べて水を注ぎ、蓋をする。水は餃子が半分は隠れるほどの量だ。強火で蒸し焼きにする。水けが飛んだ頃に蓋をあけ、サラダ油を差してさらに焼く。ヘラで底をチェックし、香ばしい焼き色を付けたら皿に盛る。

泰興楼 八重洲本店

東京 八重洲

◉焼餃子（6個） 1,230円（手前）　水餃子（10個） 1,717円（奥）

長さ12cm、1個70gと、一般的な餃子の3倍はあるボリューム感が、半世紀続く人気の『泰興楼』のジャンボ餃子。強力粉のみで作ったもちもちした皮と、粗挽きの豚肩ロース肉から流れ出るコクのある肉汁、キャベツ・ニラ・長ねぎの自然な甘みとの3者のバランスが絶妙だ。奥の「水餃子」は、焼き餃子のあんを包んだもの。茹でているうちにあんが出ないよう、あんは焼き餃子より少し少な目。

半世紀以上の人気！ 通常の3倍はある「ジャンボ餃子」は、皮もあんも、毎日手づくりする本場・中国の本格派の味

戦後の復興が進む1949（昭和24）年、東京駅・八重洲口からすぐのところに開業した『泰興楼』は、北京料理も出す中華料理店。そして開業以来、ジャンボ餃子が何よりの名物として人気を集めている名店である。

長年にわたって通う常連客もいるが、来店するお客のほとんどが餃子を注文し、同店の看板メニューとなっている。現在は本店の八重洲に加え東京・自由が丘にも支店を出し、姉妹店として餃子BARも出店。人気を集めている。

こうした餃子の人気は、開業した1949年の夏の暑い日、初代店主である于《ユウ》氏が、お客からの注文で特別に作った焼餃子が評判を得たのが始まりだった。

戦後の焼跡から復興を遂げようと精力的に取り組んでいた当時の日本の人々にとって、美味しい食べ物は何よりの励みであり憧れだった。餃子を注文したお客も戦争

粗挽き豚肩ロース肉、茹でたキャベツ、刻んだニラと長ねぎ、生姜、淡口醤油と日本酒、ごま油、冷水が同店の餃子の材料。

皮は強力粉のみで作る。熱湯を加えてよく練り込み、寝かせてから丸く薄くのばす。毎日仕込み、もちもち感を出すのが特徴だ。

あんは皮の中央に横長にのばしてのせ、指先を使ってあんを押し、あんを接着剤代わりにしてひだをしっかりと留めて行く。

時には満洲にいて美味しい餃子を食べていたが、日本ではなかなか食べる機会がなく、夢にも見たという。そうしたお客のことを想い、メニューにはなかったが特別に注文に応じた。皮から練り上げて大きめに作った焼餃子が、食に飢えた当時の人たちの心を掴み、評判が評判を呼んでわざわざ食べに来る人まで出るほどの人気を集めるようになった。以来今日まで、「『泰興楼』といえばジャンボ餃子」といわれるほどの名声を得ている。

『泰興楼』の味の特徴

名物となっている『泰興楼』の餃子は、約12cmもある。ひと口では食べきれない大きさだ。量は1個70gで、一般的な餃子の3倍近いボリューム。

しかし魅力はそのボリューム感だけではない。本格派の味も魅力だ。初代店主の于氏は中国・山東省の出身で、戦後に来日して同店を開業した人物。その于氏が作った餃子のオリジナルのレシピの味を、今も忠実に守り続けている。

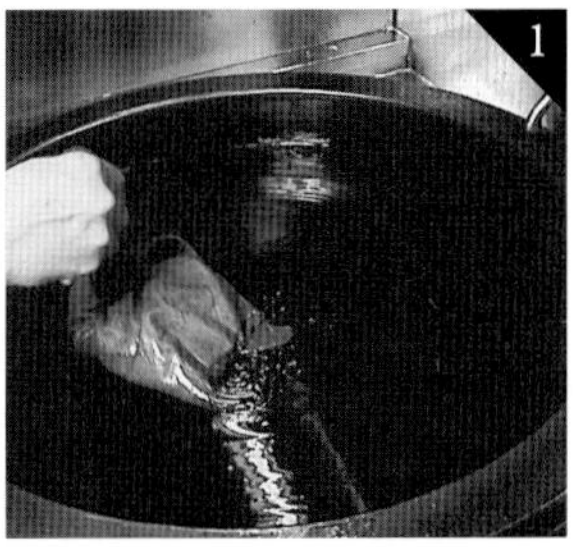

1
1個70gの餃子が60個以上並べられる大型の餃子鍋を使う。焼き油は白絞油を使用。

2
火を点け、鍋を温めながら餃子を並べる。餃子は鍋の縁に沿って外側から丸く並べて行く。

まずあんづくりでは、肉は豚の肩ロースを粗挽きにして使う。粗めにすることで、食べたときの食感とジューシーさを出すためだ。

挽き肉には、みじん切りにした生姜と、淡口醤油に日本酒を加えるのが特徴。日本の調味料を使って深いコクを出す。調味料が混ざったら、数度に分けて冷水を加え、かき混ぜながら馴染ませる。肉に水を含ませることで、ふわっとした柔らかな食感に仕上がる。

肉が馴染んだら、刻んだニラと長ねぎ、キャベツを加えてよく混ぜ合わせる。キャベツはミキサーで細かくし、ボイルしたもので、水けをよく絞って加える。

あんの仕上げは、香り付けのごま油。ごま油を加えたらあまり混ぜないのがコツ。

皮に用いる小麦粉は、特有のもちもち感を出すために強力粉の

泰興楼 八重洲本店

住所／東京都中央区八重洲 1-9-7
電話／ 03-3271-9351
営業時間／ 11 時～ 14 時 30 分、17 時 30 分～ 22 時 30 分（ラストオーダー 22 時。土曜日は 11 時 30 分～ 15 時、17 時 30 分～ 21 時 30 分、ラストオーダー 20 時 30 分）
定休日／日曜日・祝日

み。熱湯を加えて生地をまとめ、片栗粉の打ち粉をして体重をかけよく練る。しっかりと練ったら棒状にし、麺棒で薄い円形にのばす。

のばした皮の中央部分に、1個当り50gのあんを直径に沿って細長くのせ、ひだを作りながら包んで行く。このとき、あんを皮の縁に押し出し、接着剤代わりにしながら皮をしっかりと留めると、焼いても口が開いてこない。

『泰興楼』の焼き方

お客の誰もが餃子を注文する『泰興楼』では、通常の3倍以上あるジャンボ餃子が60個以上入る、大型の丸い餃子鍋を使って焼く。

ジャンボサイズだが、火加減に注意してじっくりと焼き、皮に付ける焼き目は比較的淡いのが同店の焼き方の特徴だ。

焼き油は、あっさりと食べられるよう白絞油を使用。まず鍋の火を点け、鍋を温めながら餃子を並べる。焼いている途中で隣同士の皮がくっついてしまわないよう、少しだけ間隔を空けながら並べる。

餃子を並べ終えたら、餃子が底から半分まで浸るほどの水を加える。水を入れたらすぐに蓋をし、強火にして蒸し焼きにする。

焼き時間は10分ほど。加えた水がたっぷり目なので、時間は一般的な餃子の倍はかかるが、じっくりと中まで火を通す。

蓋はしたまま。中の水分が飛んで、パチパチという音がしてくるのが焼き上がりの合図。さらに、皮が焼ける香ばしい香りも焼き上がりの目安にする。

蓋を取り、皮が淡いきつね色に焼き上がったのを確認したら、ヘラですくい取って皿に盛る。

上品で美しい色合いに仕上げるのが、同店の餃子。噛むと中から肉汁があふれ出て、豚肉の旨味とコク、野菜の甘みが渾然一体となった味わいが楽しめる。

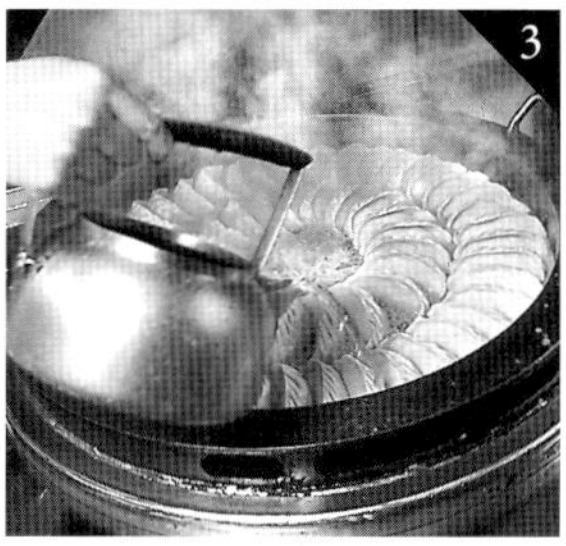

餃子を並べたら、水を注ぐ。水は餃子が半分まで隠れるほどたっぷりと注ぎ。

鍋に蓋をして、強火で焼く。10分ほどすると、水分が飛んでパチパチという音がしてくる。

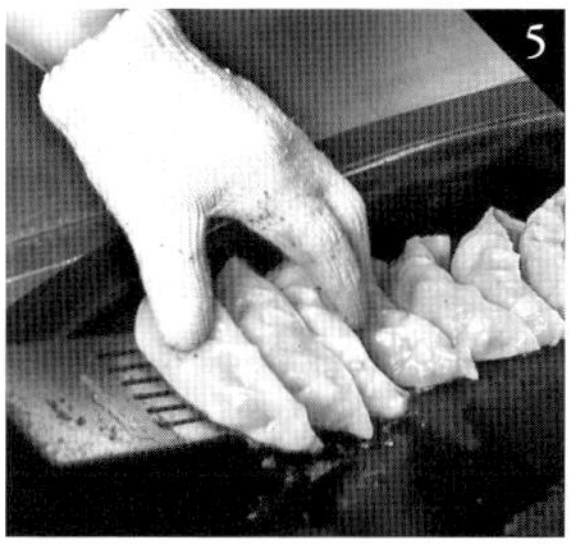

皮が焼ける香ばしい香りを目安に、ヘラで取り出して皿に盛る。淡い焼き目が特徴だ。

山東餃子本舗

東京 江古田

◉餃子(5個) 324円

小ぶりの羽根付き餃子を、特製の辛味だれで食べるのがお勧めの『山東餃子本舗』の餃子。ひと口噛むと、中から驚くほど肉汁が飛び出て来るのが特徴だ。あんは甘みを損なわないよう下処理を施した白菜に、新鮮なニラと万能ねぎ、それに旨味の強い豚バラの挽き肉に、鶏と豚のガラで取ったスープをたっぷりと含ませる。丁寧な仕込みで時間をかけて作った、もちもち感のある皮が、あんの凝縮した旨味を受け止めてくれる。

本場・中国山東省の味が、学生客にも大人気に！
肉汁たっぷりで安くて美味い、小型サイズの羽根付き餃子

東京・池袋から私鉄で3駅目の江古田は、小さな駅を挟んで大学が3校建ち並ぶ学生の町。その場所で、学生客を中心にして絶大な人気を集めているのが、『山東餃子本舗』である。

同店では餃子以外に小龍包や、煮物、炒め物などの中国家庭料理も揃えているが、屋号でも分かる通り餃子に力を入れている。小ぶりな餃子は、皮もあんも自家製で毎日仕込んでおり、本格派の味と評判が高い。

味に加えて同店は、価格面では手軽さも魅力にしている。庶民の食べ物である餃子を、庶民的な価格で楽しませようという姿勢だ。焼餃子や水餃子は各々300円（税別。以下同）。おつまみ類は400円～500円、各種料理類も500円からで最高が900円という

鶏ガラと豚骨で取り、前もって凍らせておいたスープを庖丁で削り、あんの仕上げに加えて混ぜ込む。小龍包などに見られる技法だ。

皮も自家製。薄力粉を主体に強力粉をブレンドした粉で作る。2日かけて丁寧に仕込み、独特のもちもち感を出す。

包み方は、両手の親指と人差し指で、押し込むようにしっかりと留める。あえてひだを意識しないのが、『山東餃子本舗』だ。

価格。カウンター7席と小上がり2卓だけの小ぢんまりした店ということもあるが、連日、地元の学生客で満席で、なかなか入れない状態が続いている。

『山東餃子本舗』の味の特徴

同店は、山東省出身の店主が子供の頃から作っていたという本格派の味が魅力。餃子自体は小ぶりだが、しかも羽根付きで見た目のボリュームはある。そして何よりの特徴が、餃子を噛むと中から飛び出て火傷しそうになるほど肉汁が多いという点だ。

あんは、本場中国出身の店主が作るだけあって、野菜は白菜をメインにしており、他はニラ、万能ねぎのシンプルな構成。これに豚バラの挽き肉、生姜の絞り汁と調味料などが加わる。

淡白な白菜がメインになるだけに、仕込みでは甘みを損なわないよう注意する。茹でる際は硬い芯の部分を先に熱湯に浸け、葉の部分とは時間差をおいて茹でることで茹ですぎないようにする。さらに茹でて刻んだら、ガーゼに包んで水分を絞り過ぎないように絞り、水けと同時に甘みまで流出しないよう配慮する。

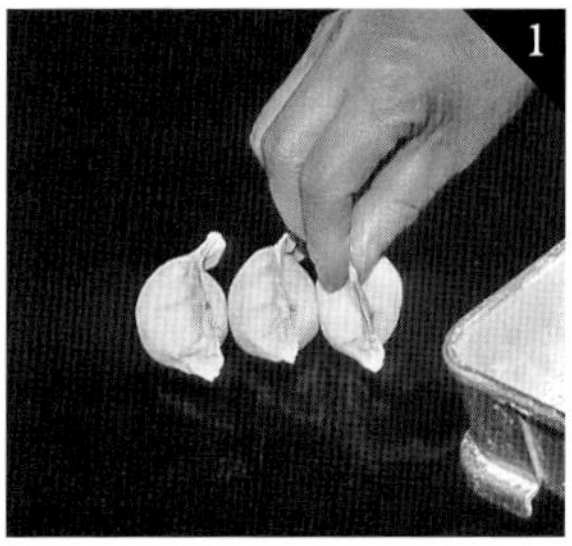

熱した鍋に薄く油をしき、餃子を並べる。焼き油は餃子を邪魔しないサラダ油。

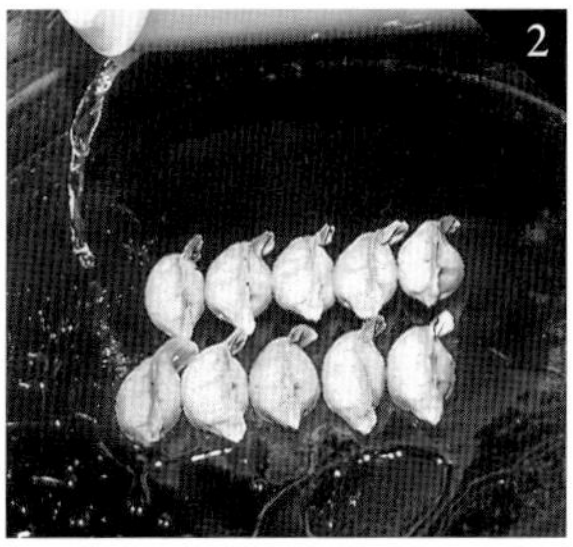

すぐに水を注ぐ。水は餃子に直接かけず、周りの鉄板の部分にかける。

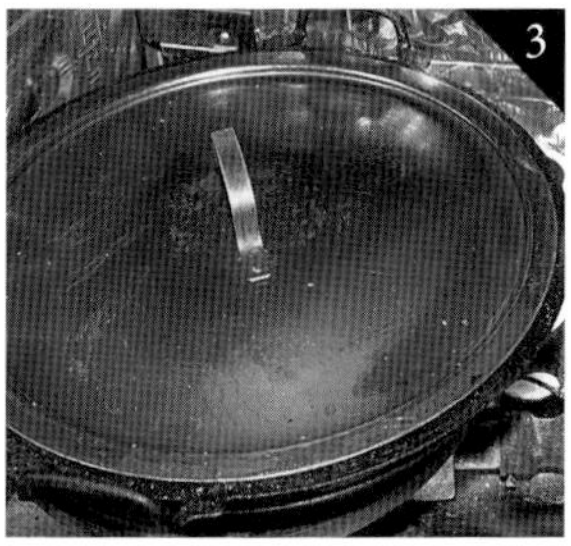

水を加えたら、すぐに蓋をする。蓋は水分が蒸発するまで絶対に開けない。

挽き肉は、旨味の強い豚バラ肉を使用。これに下処理した白菜と紹興酒、ごま油、うま味調味料、生姜の絞り汁を加えてよく混ぜ合わせる。

ニラと万能ねぎを合わせるのは最後の段階。初めの方で加えると、粘りが出てしまうからだ。

そして仕上げに同店ならではの味の工夫がある。同店では前もって鶏ガラや豚骨などで取ったスープを冷凍しており、それを庖丁で削ってあんの仕上げに加え、馴染ませる。完成後は、スープの旨味をたっぷりと含んだあんになる。これが、噛むと中から飛び出るほど肉汁がたっぷりの同店の餃子の秘密だ。

山東餃子本舗

住所／東京都練馬区旭丘 1-55-4
電話／ 03-3953-7802
営業時間／ 18 時～ 23 時
定休日／月曜日

皮は薄力粉をメインに、その15％強の強力粉を加えた粉を用いた上に、丁寧な作業で時間をかけて独自の食感を作る。

まず合わせた粉に熱めの湯を入れたら水分を吸わせ、まとまったら体重をかけてこねる。生地をこね続けると弾力が強くなるので、常温で寝かせる。こねては寝かせを二度繰り返したら、乾燥しないようにラップをして冷蔵庫で一晩寝かせ、もっちり感を出す。

皮の仕上げの段階では、寝かせておいた生地を棒状にのばして小口から1㎝厚さに切る。これに強力粉の打ち粉をして、麺棒を使いながら均一な厚みの直径8㎝の円形にのす。

のした皮の中央にあんをのせ、両手の親指と人差し指を使って皮を両端から強く押し込むようにして包む。あんにたっぷりのスープを含んでいるので、焼いている間に口が開いてしまうとせっかくの

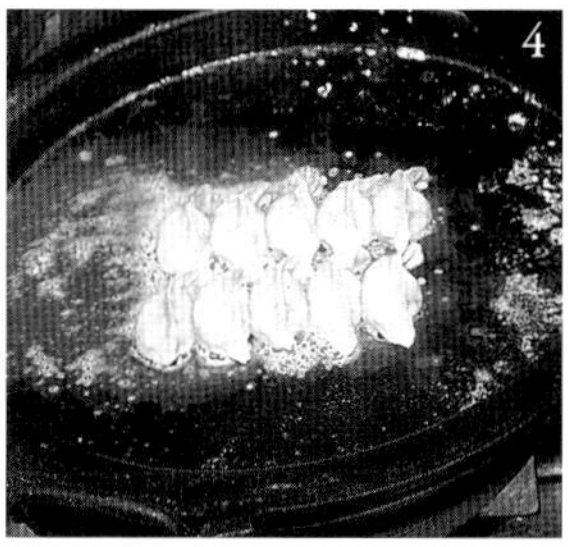

4
皮の焼けるパチパチという音がしたら、水が蒸発した合図。蓋を開ける。

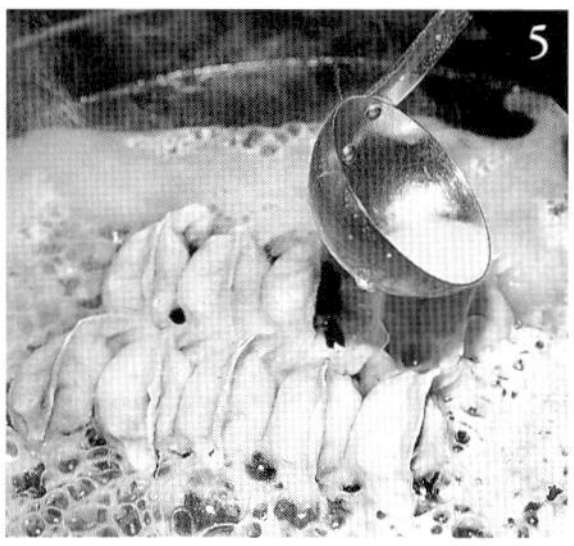

5
羽根の部分を作るために水溶き片栗粉を注ぐ。このときも餃子の周りに注ぐ。

6
羽根の部分の水分が飛んで香ばしく色付いたら完成。羽根を上にして盛り付ける。

スープが流れてしまう。だからとじ目はしっかりと留める。意識してひだは作らないのが『山東餃子本舗』の餃子だ。

『山東餃子本舗』の焼き方

小ぶりなサイズに、羽根付きなのが『山東餃子本舗』の特徴である。同店では、焼く際は丸型の餃子鍋を使う。

焼き油は、あんに含まれるスープの味を邪魔しないサラダ油。熱く熱した鍋に薄く油をしいて、餃子を並べる。

すぐに水を注ぎ、蓋をする。蓋は水分がなくなるまで絶対に開けない。水分が飛んであんに火が通ったら、水溶き片栗粉を餃子の周りにかけ、再び蓋をして強火で焼き、羽根を作る。焼き上がりは羽根を上にして盛り付ける。

焼き上がった餃子は、特製の辛味だれを酢醤油に落として食べることを勧めている。ピリッとした刺激が餃子の風味を引き立てる。

神楽坂飯店

東京 神楽坂

◉ジャンボ餃子 9,600円（2日前の予約） **餃子**（5個）**480円**

100個分に相当する、重量2.5kgのジャンボ餃子は、「60分以内で食べると無料」というチャレンジメニューとして49年前から提供している。成功者は200名を超えるという。今では歓送迎会の盛り上がりメニューとして注文し、食べている様子をフェイスブックなどにアップするお客も多い。通常の餃子もファンは多く、1人で2皿、3皿食べに来る常連客もいる。ジャンボ餃子は提供するのに2時間かかるが、一番おいしい状態で食べてもらいたいので、食べる時間から逆算して作り始めるという。

創業以来、約半世紀、数多くの記録と記憶とともに親しまれてきたジャンボ餃子

今も店に立つ創業者の竹鼻昭子さん（写真左）と、2代目社長の竹鼻公和さん。ジャンボ餃子、一升チャーハン、ジャンボラーメンのエピソードは尽きない。

中華料理店らしくないブルーの店頭テントには店名のほかに、「一升チャーハン、ジャンボ餃子、百ケ餃子　挑戦者受付中！」の大きな文字。入口横のサンプルケースには、その一升チャーハン、ジャンボ餃子のサンプルが並べられていて、足を止めて眺める人が多い。ジャンボ餃子は餃子１００個分のあんを皮で包んで焼いたもの。重量は２・５kgある。

このジャンボ餃子を売る『神楽坂飯店』は昭和39年に創業。会社経営にしたのが昭和42年で、その頃にはすでにジャンボ餃子は出していたという。

店の前の飯田橋駅の周辺には、大学、専門学校があって、当時から若者が集まる地域だった。その頃は、大学に食堂はあっても簡単な軽食しか出してなかった。お腹を空かせ、しかも、お金に乏しいのが当たり前の学生の姿であった時代。運動部の先輩やOBが試合に勝った後に『神楽坂飯店』に後輩を連れてきて、「今日は好きなだけ食べろ」という場面もあったという。そんなOBの優しさに共感し、「それなら、餃子１００個食べたらタダにしてやるよ」と対応したのが、「餃子１００個を60分以内で食べたら無料」というチャレンジメニューが誕生したきっかけではないかと、２代目の竹鼻公和さんは言う。はっきりした記録は残っていない。ただ、昭和42年には、「１００個分のジャンボ餃子」があった。店の近くの出版社がマンガ雑誌でジャンボ餃子を紹介してから、挑戦者が増えたそうだ。サラリーマンで挑戦を希望する人も増え、「これは学生さん用なんですけど」と、よく牽制したそうだ。

平成元年当たりから、テレビで

大食いを競う番組が放送され出すと、『神楽坂飯店』の注目度が高まった。「大食い大会に出るための登竜門的な存在」になったのだ。

誕生から49年ほどになるジャンボ餃子は、すでに成功者は200名以上。チャレンジメニュー3品では、成功者の名前でノート2冊が埋まっている。「成功者の半分以上が女性なんですよ」と話すのは、今も店に立つ、創業者の竹鼻昭子さん。女性で挑戦する人はかなり自信があるのか、7〜8割は成功するという。一方、男性の場合は、ノリで挑戦する人が多いのか、成功するのは10人に1人くらいだとか。ジャンボ餃子と一升チャーハンを一度に時間内で食べた女性のフードファイターもいる。

『神楽坂飯店』の味の特徴

『神楽坂飯店』の餃子のあんは、豚肉と白菜、キャベツ、ニラ。豚肉は粗挽きと細挽きを合わせている。こうすることで肉汁を抱き込む力が増すからだ。

ジャンボ餃子も全く同じのあんで作る。火が通りにくいので包んでから蒸して、焼き目を付ける。蒸して焼くのに2時間かかる。通常の餃子と同じく焼き目を上にして皿に盛る。当初は焼き目を上にして立てるために皮は厚くなっていたという。6〜7㎝ほども皮の厚みがあったそうだ。そのときのジャンボ餃子の実物を元にして作ったサンプルが今も店頭のサンプルケースの中にある。それが79ページの右の写真。76ページの現在のジャンボ餃子より大きく見える。現在のは、改良して皮を薄くできた。それでも、肉汁が多い餃子なので、置いておくと肉汁が皮に浸透し、餃子自体の重みで皮が破れて崩れてしまう。それもあって、一番おいしいタイミングで食べてもらいたいので、食べる時間を聞いて、その時間に合わせて仕上がるようにしている。時間を変

ジャンボ餃子は、ナイフとフォークとスプーンを添えて出す。すすめているわけではないそうだが、皆、中央から切るという。肉汁があふれ出るのを見て、必ず歓声が上がる。

神楽坂飯店

住所／東京都新宿区神楽坂 1-14
電話／ 03-3260-1402
営業時間／月曜日～金曜日 11 時～ 23 時、
土曜日・祝日は 11 時～ 22 時
定休日／日曜日

更する場合も2時間前には連絡してもらう。

ナイフとフォークとスプーンを添えて提供するが、ほとんどのお客が真ん中から切るという。あんがびっしり詰まっていることに驚き、さらに、肉汁がにじみ出るのを見て必ず歓声が上がる。

宴会のときに参加者の一人にジャンボ餃子を挑戦してもらい、それを周りで応援して盛り上がるというのが、最近のよくあるスタイルだという。食べきれなかったら、他の宴会参加者で分け合って食べればいいし、皆で分けて持ち帰ってもいい。1人で挑戦して失敗したら、残ったものは捨てなくてはならなくなり、もったいないから、ジャンボ餃子ではなく「餃子100個」への挑戦のほうをすすめることも。なお、ジャンボ餃子は、1回成功したら2度目は挑戦できない。

サンプルケース内には、一升チャーハン（5840 円）のサンプルと餃子 100 個のサンプルも定番の位置に。学生時代を懐かしがって店に立ち寄る中高年も多い。

店頭にあるジャンボ餃子のサンプル。これは創業当時のものを元にして作ったもので、当時は皮が今より厚く、見た目も現在より大きかった。

ジャンボ餃子で注目される『神楽坂飯店』ではあるが、通常サイズの餃子も評判がいい。1人で5皿食べてビールを飲んでいく常連の女性もいる。

フードファイターとしてテレビに出ている女性も、「宇都宮や浜松にも食べに行ったけれど、『神楽坂飯店』の餃子はほんとにおいしい。おいしいから100個食べられちゃった」と言ってくれるという。

49年も続いている店だけあって、「肉かけ炒飯」（680円）や「マーボー焼きそば」（630円）や「葱と黒胡椒のとり麺」（830円）など、名物メニューが多い。学生にお腹いっぱい食べてもらいたい想いで創業当時に作った「ジャンボラーメン」（630円）は、変わらぬ2人前の量でこの安さを保ち、人気メニューだ。

「チャレンジメニューはもっと増やしたいくらいだけど、キワモノの店になっても困るので」と、社長の竹鼻公和さんは微笑む。

沼津餃子の店 北口亭

静岡 沼津

◉餃子 大（10個）900円

円柱形で、ちょっと見た目には大ぶりな“焼売”のような形。そして一般的な餃子の2倍はあるジャンボサイズが『北口亭』の餃子だ。あんは豚肉に、キャベツとねぎ。特にキャベツは粗みじん切り。焼き方も個性的で、表になる面を焼いてから、ひっくり返してたっぷりの水を入れ、蒸し焼きにする。焼き上がった餃子を箸で持つとずっしりと肉の重さを感じるが、キャベツの量も多いので、ぺろりと食べられてしまう。

沼津で絶大な大人気！通常の2倍はあるジャンボサイズで、一見、〝焼売〟のような形の、豚肉たっぷりの餃子

〝餃子王国〟静岡県は、各地に餃子の名店がある。

沼津市もその一つ。ここはJR沼津駅を挟んで、南北に名物の人気店がある。南が「中央亭」で、北が『北口亭』だ。この両店は、地元のお客だけでなく遠方から来る人たちにも人気の高い店として知られている。

１９７４（昭和49）年に、現主人・木下壮太さんの父・木下弘さんが「中央亭」から独立開店したという『北口亭』は屋号通り、沼津駅北口を出て西に１００mほど歩いたところのJRガードの左脇にあったが、沼津駅高架化の区画整理によって、２０１３年に北口から徒歩約8分の場所へ移転した。

ここでは『北口亭』を取材したが、『中央亭』から独立開店した経緯から、出している餃子はほぼ同じもの。もちろんどちらの餃子も多くのファンを持ち、毎日売り切れ完売という人気を誇っている。

こちらの餃子は、右ページで見てもお分かりの通り、他では見られない独特の形をしている。それに、大きさも一般的な餃子の２個分はあるというボリュームだ。箸で持ち上げると、豚肉の重みがずっしりと感じられる。「お腹に溜まりそう」というのが第一印象だ。ところが、意外といくつでも食べられる。男性では一度に40個食べた人もいる。女性の最高記録は28個だとか。

さらに、店に来る人だけでなく、持ち帰りで絶大な人気を集めるのも、この餃子の特徴だ。前もってわざわざ電話で時間を指定して買いに来る人が多い。

なぜならそうした人は、１人で50個も１００個も買っていく人が多いからだ。店ではテイクアウトは焼いたものを10個（９００円）から受け付けているが、それを越える桁違いの注文をする人がいるのである。遠方から車で買いに来る人や、出張の行き来の新幹線で沼津で途中下車して、お土産として買いに来ている人たちである。それほど、地方の人にも人気があるのだ。

店では餃子を手づくりしていて個数に限りがある。それにもかかわらず、１人で大量に買って行く人がいるため、餃子はあっという

間に売り切れてしまう。

そして同店では、餃子が売り切れると店じまいする。電話で予約しておかないと、餃子がなくなるだけでなく、店自体が閉まってしまう。同店は、通常11時から17時までの営業だが、早い日は14時頃には閉まってしまうというから驚きだ。

『北口亭』の味の特徴

前述のように、同店の餃子は普通の餃子の2倍はある超ジャンボサイズ。そして形は丸形に近い円柱型。一見すると、大型の焼売《しゅうまい》のような形だ。

中に入るあんは、豚肉とキャベツと、ねぎ。粗く挽いた豚肉に、キャベツは粗みじん切りにしたものを合わせる。

一見すると豚肉がずっしりと詰まっているように感じるが、実はキャベツが多い。このため、見た目から感じるようなしつこさはなく、逆にあっさりしていて食べやすい。通常の2倍はあるほどのボリュームの餃子を、20個も40個も食べられた人がいたのはそのためだ。

持ち帰りは10個から。家では焼けないので、焼いたものを持ち帰る。100個買って行く人もいる。

あんと同様に、皮も自家製の手づくりで薄い。焼き上がりはぷるんとした柔らかい食感。これがあんにまとわり付いており、まさに焼売のような印象だ。左ページ右の写真でも分かる通り、焼き上がる前の状態も一般的な餃子とは少し異なるので、あんに合わせて皮も自家製でないと、うまく包めないのだ。

店では、この餃子を毎日その日の朝5時頃から手づくりし、その日に作ったものをその日のうちに売り切る。早朝からの作業だが、あんに加えて皮も手づくりしているため、作れる個数にはどうしても限界がある。このため、売れる日は14時頃で終わりとなってしまうのである。

『北口亭』の焼き方

沼津餃子の店 北口亭

住所／静岡県沼津市杉崎町 7-10
電話／ 055-921-2543
営業時間／ 11 時～ 17 時（ただし餃子が売り切れ次第閉店）
定休日／月曜日（月 1 回連休有）

同店の餃子は、ボリュームがある上に、焼売のような丸い形をしている。その餃子を、あんの旨味を逃がさず中まで焼き上げるために、焼き方も独自の手法をあみ出した。

餃子自体がジャンボサイズなだけではなく、一度に大量の注文が入るのが『北口亭』の特徴。そのため、餃子を焼く鍋も大きな丸型のものを使用する。そしてまず油を薄くしいた鍋にやや間隔を空けて餃子を並べ、加熱する。最初に底面の皮をしっかりと焼くのが同店独自の手法である。このときの焼き目が、皿に盛ったときの上面になる。

香ばしい香りが上がり、皮にきれいな焼き色が付いたら、ひっくり返す。形が独特の丸い形なので、表の面と裏面から加熱して、中まで火を通すのも、他店には見られない焼き方。

裏返したら、水をたっぷり注いで蓋をし、蒸し焼きにする。たっぷりの水で蒸し焼きにすることで、自家製の皮にぷるぷるもちもち感が出て、表面がつるっとした仕上がりになる。この食感も同店の餃子の魅力。

このような特殊な焼き方は、とても家庭ではできないから、多くのお客は焼いたものをテイクアウトしていく。

焼き上がって皿に盛り付けたジャンボサイズの餃子は、酢醤油に、同店自家製の辛味油をたらして食べるが、一味唐辛子をふりかけて食べる人もいる。どちらかというと、一味唐辛子派のお客が多いという。

なお同店では、この餃子だけでなくラーメンなどの麺類もメニューに揃えているが、店内では餃子を注文し、ご飯で楽しむ人が多い。このため同店では、ご飯を注文したお客には味噌汁を無料サービスしている。

大型の鍋に油をしいて、餃子を並べたら、表に来る面をこんがりと焼く。

片側に焼き目が付いたら、裏返してたっぷりの水を注ぎ、蒸し焼きにする。

香蘭園

愛知 名古屋

◉焼餃子（8個）400円

キャベツ、白菜が入らない、豚肉と玉ねぎと長ねぎ、ニラのあんを、小さめの薄い皮で包んだスタイルは、1956年（昭和31年）の創業以来守られている。「焼餃子」が一番人気だが、焼餃子を食べて、次に水餃子を食べ、次に揚餃子を注文し、スープ餃子へと、餃子メニューを“制覇”するお客も珍しくない。夏期限定で出す「冷し餃子」も人気メニューになっている。酢豚や八宝菜、エビチリソースなど定番の中国料理を揃えているが、餃子は一番人気なので毎日100人前（800個）は仕込んでいるという。

昭和31年創業。3代目に受け継がれたサラリーマンに人気の「焼・水・揚・スープ」の餃子

『香蘭園』が創業したのは、昭和31年（1956年）。名古屋市と、横浜市、大阪市、京都市、神戸市が初の政令指定都市になった年。石原慎太郎の「太陽の季節」がベストセラーとなり、映画化もされた年でもある。

名古屋駅と繁華街の栄駅の間の地下鉄・伏見駅が最寄りの駅。事務所、オフィスが多いことから、連日サラリーマンでにぎわっているのは、創業当時と変わらない。また、営業中は、餃子の皿を持った従業員が店内を常に行きかい、厨房では鉄鍋で餃子が焼き続けられる光景も創業当時と変わらない。

大劇場の御園座の近くということもあり、興行中は歌舞伎役者や俳優が餃子を食べに来てくれることも多かったという。

2代目の森下勝さんが父親から店を引き継ぎ、その森下さんと一緒に20年働いてきた吉川一さんが5年前に『香蘭園』を引き継いだ。引き継ぐ際、吉川さんは2つのことを言われたという。

一つは、「常連を大切にすること」。もう一つは「餃子の味を守ること」。この2つを大切にすれば店は大丈夫だからと言われたという。それほど、「餃子の香蘭園」として定着している。

吉川さんが店に勤め出した頃に小学生だった人が自分の子供を連れて家族で食べに来てくれるし、吉川さんが店に勤める前からの30年来の常連も少なくない。

『香蘭園』の味の特徴

『香蘭園』では、焼餃子のほか、水餃子、揚餃子、スープ餃子と、夏期限定の冷し餃子を出している。全て、あんと皮は共通のもの。皮は小ぶりのもの。直径75㎜で薄い皮を作ってもらっている。ひと口で子供でも食べられる大きさだ。

あんは、キャベツや白菜を使わ

直径75㎜の小ぶりの皮。重ねると透けて下の皮が見えるくらい薄めの皮を発注している。

ない、豚肉と玉ねぎと長ねぎ、ニラ、ニンニク、生姜のあん。豚肉と玉ねぎは1対2くらいの割合なので、玉ねぎが主役と言ってもいい。野菜の割合が多いので、1人で焼餃子、水餃子、揚餃子と、いろいろ何皿も食べられる。生姜とニンニクを同量くらい合わせることで、ニンニクの香味を食べたときにあまり感じないようにしている。

創業者は、白菜やキャベツより甘みがあるから玉ねぎを選んだということ。玉ねぎは淡路島産の甘みの強いものを選び、淡路島産がないときには、北海道産も選ぶ。

玉ねぎはフードカッターでみじん切りにした後、水分を絞る。これは手で絞る。新玉ねぎの時季は絞り過ぎないようにして、ひねた玉ねぎはよく絞るようにする。この加減をするために、手で絞らなくてはならない。

「できたてが旨い」をモットーに、基本、その日に焼くものを吉川さ

重厚な鉄鍋用の蓋。檜で作ったもの。鍋から上がる水蒸気を適度に蓋が吸ってくれて、しずくが鍋に落ちないので、パリッと焼ける。

水餃子 400円

酢醤油を付けて。薄い皮ながら、プルンとした、なめらかな皮の味わいが楽しい。焼餃子に次ぐ人気メニュー。

んは店で包んでいる。冷凍しておいたりはしない。生の餃子と焼いた餃子の持ち帰り販売をしているが、持ち帰り用の冷凍もない。

ランチの営業はしていないが、11時、12時には店に出て餃子づくりに取り掛かる。吉川さん一人で調理し、餃子も一人で包む。営業中に包む作業はできないので、営業前に800個（100皿分）は準備する。忙しい時には閉店時間後に翌日の分を包んで帰ることもあるという。

『香蘭園』の焼き方

焼餃子は、大と小、2つの鉄鍋で焼いている。大のほうは一度に7人前を焼けるもの。小のほうは4人前焼けるもの。注文状況に応じて、2台の鉄鍋で焼き続けている。

創業以来、鉄鍋で焼き、同じく檜の蓋をして焼いている。金属やガラスの蓋では、蓋に付いた水滴が鍋に戻ってしまう。それでは薄い皮をサクッと焼けない。檜の蓋

香蘭園

住所／愛知県名古屋市中区栄1-7-4
電話／052-231-0621
営業時間／17時～24時
定休日／月曜日
持ち帰りあり（生のもの、焼いたもの）

だと、適度に檜が水蒸気を吸ってくれる。また、蓋が水蒸気の力で浮いてはダメなので、厚みのある重い蓋を特注している。鉄鍋との接地面は焦げやすく、焦げた部分を削ると軽くなってしまうので補強しながら使うが、6～7年で作り替えなくてはならい。この檜の蓋を作れる職人も少なくなっているそうで、悩ましいところだという。

皮が薄い餃子なので焦げやすい。それを、サクッと、スナック菓子のような食感に焼き上げるタイミングが難しい。タイマーを使わないで、音と立ち昇る匂いで焼き具合を判断する。毎日焼き続けるので、アルバイトの人でも2年くらいできちんと焼けるようになるという。

『香蘭園』の茹で方

水餃子も『香蘭園』の人気メニューだ。焼餃子と同じ餃子を茹でる。同じく皮が薄いので、茹で過ぎないように注意する。「プルンとした食感で、破れないように茹でるのがポイントだ。

餃子を沸騰している湯に入れ、浮いてきたら水をさす。湯の温度が上がってきて、再び餃子が浮いてきたら火を弱める。浮いてきた餃子が湯の表面から少し出るくらいになったらザルで取り出す。焼餃子と同様に、目を離さないで茹でている。

茹でた餃子は、スープ餃子としても提供する。創業当時は、ラーメンのスープに入れて提供していた。今は、スープに自家製ラー油、酢、ねぎを加えた中に茹でた餃子を合わせる。四川風の酸味と辛味のさっぱりした味で、酒を飲んだしめくくりに注文する人が多い。

5月～8月の限定で出す冷し餃子は、茹でた餃子を水で冷やし、冷麺のタレを添えて提供するもの。冷やし過ぎると、皮の小麦粉の味が出過ぎるので、冷やし過ぎに注意するという。

スープ餃子 600円
スープに自家製ラー油と酢を加え、ねぎたっぷり。ラー油の赤い色が目に飛び込むが、見た目ほど辛くなく、ほどよい酸味で人気がある。

揚餃子 500円
ひと口サイズの餃子なので、揚げたものも食べやすい。酢醤油で食べる人もいるが、そのまま食べる人も多い。

中華料理 八慶

三重県 四日市

◉焼餃子（10個）400円

直径6cmの皮で包んだひと口サイズの餃子は、四日市で人気を集めた名店「公園」譲りの味わい。香ばしくカリッと焼き上がった皮と、食べ飽きないあんの味わいは、食べ終わった瞬間に「また食べたい」と思わせる。このため、一度に何人分も注文するお客が多く、女性客もその例外ではない。店内売りに加えて持ち帰りも受け付けており、焼き・生は２人前以上から。

ひと口サイズで何個でも食べ飽きず、女性でも複数皿の注文が！
四日市の「餃子の名店」の味を引く継ぐ、最後の弟子の店

三重・四日市には、かつて餃子が大人気の名店があった。近鉄四日市駅東口から徒歩7〜8分のところにある諏訪公園、その脇にあったことから、店名も「公園」と名付けられた店だった。

「公園」の開業は1967（昭和42）年。ラーメンや一品料理を多く揃える中華料理店だったが、男性だけでなく女性でも、1人で何人前も餃子を注文するほど餃子が評判の店だった。人気の秘密は、餃子が直径6㎝の皮を使った小ぶりなサイズだったこと。そして何個食べても食べ飽きない味わいだったことだった。

人気のこの餃子を開発したのは谷中　充さん。そして充さんが病気のため1998年に亡くなった後は、奥さんが中心となって店を切り盛りしてきた。開業以来40年以上にわたって四日市周辺の餃子好きを集めてきた同店だったが、2009年、惜しまれながらも閉店となった。

40年も営業を続けてきた「公園」には、お弟子さんの店が4店ある。そのうちの、最後のお弟子さんの店が、『中華料理　八慶』だ。

店主は桐生雪夫さん。桐生さんは21歳で「公園」に入り、谷中さんの下で餃子修業を続けてきた。谷中さんが亡くなってからは、奥さんの下で店の味を守るべく、調理を任されてきた。

「大将（谷中さんのこと）の下では5年ほど修業させていただきました。店に入った当初は、餃子の小ささに慣れず、手早く包むことはできませんでした。大将と並んで包むときは、心の中で競争しながら包むようにしていました」

と桐生さん。

「私が入った当時は大将と職人さん1人、私の計3人が厨房で作業していました。それでも一度に10人前（100個）、15人前（150個）の注文はざらにありましたから、営業中は必死になって作業し

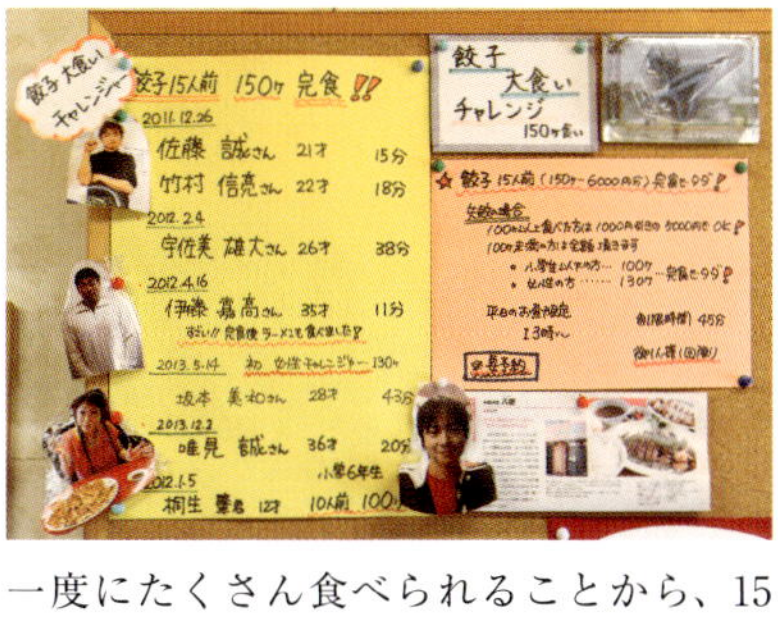

一度にたくさん食べられることから、15人分を制限時間内に完食できたら無料のサービスも。店内には「大食い」に成功したチャレンジャーの貼り紙が貼られている。

ていましたが、包んでも包んでも間に合わなかったことを覚えています」

仕事を覚えてくると、餃子の仕込みなど味付けに関しても作業をさせてもらえるようになった。

「基準となる分量のレシピはありましたが、大将からは餃子を仕込むとき、『ああしよう』『こうしてくれ』と、そのときの素材の味に合わせて相談したり、指示を受けたりして分量を調整していました。素材の味に合わせて味つけするという考え方は、大将が亡くなり1人で調理をするようになってからも役に立ちました」

ただ、谷中さんの後で調理を任されるようになると、馴染みの常連客には味をなかなか認めてもらえかった。

「『大将のときと味がどうも違う』といったことをよく言われました。以前と同じものを使って同じように調整した味つけで出しても

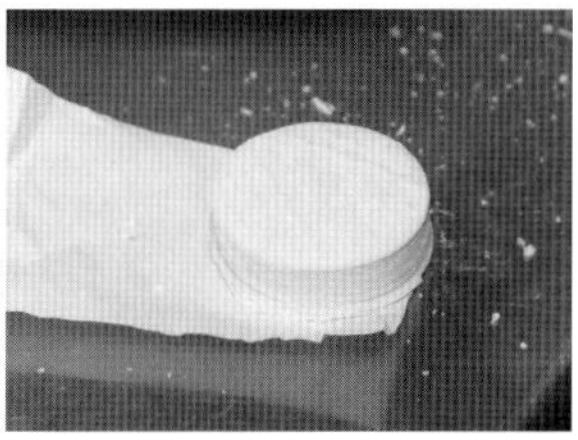

そうでした。それだけ大将が偉大だったということだったのだと思います」（桐生さん）

「公園」の厨房を11年間守った後、2009年12月に独立。同じ四日市市内とはいえ、近鉄四日市駅から6駅離れた場所。川2つを超えた市域の端。繁華街から遠く離れたとはいえ、桐生さんにとっては地元だ。

「昔から、独立するなら地元でと思っていました。四日市駅からだと車でも20分はかかる場所なのですが、近所のかたに気軽に来てもらえたら、と思って今の場所に決めました」（桐生さん）

『八慶』の味の特徴

独立に際しては、修業した「公園」の味を守りたいと考えていた。

「大将と仕込みをして学んだことを活かしたいと思いました。だから自分の店を出した時も、素材に合わせて味つけをしていこうと決めていました」（桐生さん）

皮は直径6cm。「公園」時代からの特注品を使っている。

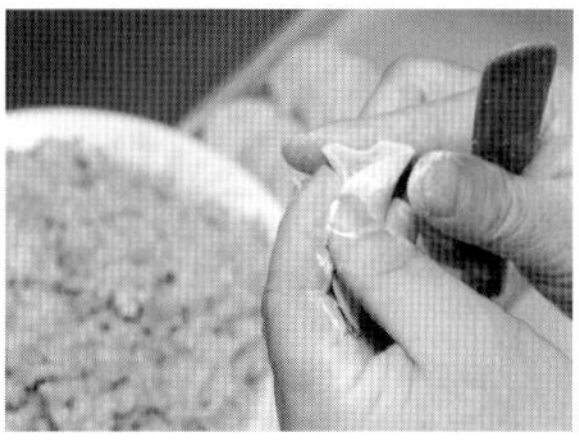

手早く包むために、皮を折り畳んで両側から押さえる。ひだは2か所。

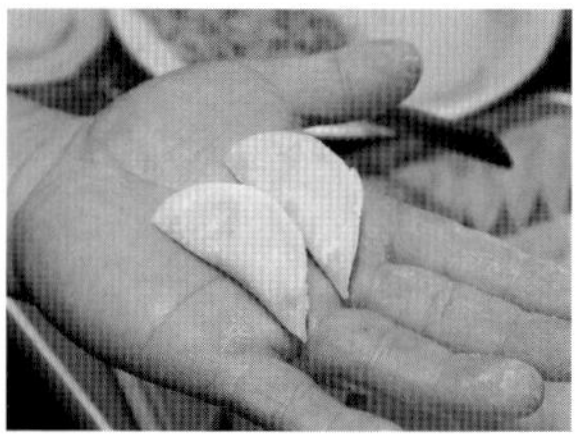

修業した「公園」時代からの小サイズ。女性でも一度に2個食べられてしまう。

中華料理　八慶

住所／三重県四日市市大矢知町 1003-1
電話／ 059-366-7888
URL ／
営業時間／ 11 時 30 分～ 14 時、17 時～ 22 時
（ラストオーダー 21 時。日曜日・祝日は 21 時まで）
定休日／水曜日

特にキャベツなどの葉野菜の味は、そのときの季節の影響を受けやすい。春先のキャベツは水っぽいので、極力使わないようにしているという。また豚肉も同様だ。店では二ヵ所の部位を合わせて挽き肉にしているが、仕入れた肉の脂の加減を見て、味付けを微妙に変化させる。

さらに皮に関しては、「公園」のときに大将が製麺業者に頼んで指定して作っていたものを、変わらずに使っている。

目指す味は、食べやすく、食べ飽きない餃子。食べた瞬間に美味しいと感じるのではなく、食べ終わったときに「もう一個食べたい！」と思う味だ。独立した今も、店内では男性はもちろんのこと、女性客が餃子を何人前も注文していく。かつての「公園」の風景が『八慶』でも見られるのは、何個食べても食べ飽きない美味しさがあるからだ。

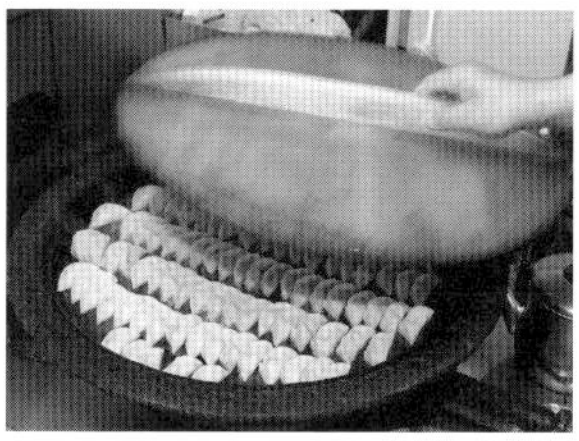

蓋をして焼く。蒸気が上がらなくなったら焼き目を確認して盛り付ける。

餃子を並べたら、さっと油をかけ、水を注ぐ。すぐに火が通るので、水は少な目だ。

鉄製の大きな餃子鍋で焼く。火にかけて、油を少量入れ、馴染ませる。

『八慶』の焼き方

「公園」では、小ぶりな餃子を一度にたくさん焼くために、ニッケルの大型で厚手の天ぷら鍋を使っていた。

「本来の用途が天ぷら鍋なので、底が平らではありません。油を入れると、自然と油が中央に溜まってきてしまいます。だから焼き方が難しい。そこで独立時に、専用の鉄鍋にしました」（桐生さん）

油は、ごま油とサラダ油をブレンドしたもの。あっさり味ながら、香ばしい風味が特徴だ。

この油を、鍋に並べた餃子の上からかけ、水を少な目に注いで蓋をし、強火で蒸し焼きにする。蒸気が上がらなくなったら蓋を取り、底の焼け具合を見て盛り付ける。

「公園」からは離れた場所になった『八慶』だが、今も前の店のお客がわざわざ車を飛ばして来てくれており、開業当初から根強いファンで人気を集めている。

博多祇園 鉄なべ

福岡 博多

◉鉄なべ餃子 (1人前8個) 500円

熱々の鉄鍋で出される、ひと口サイズの餃子で、屋台での開業以来50数年間人気を集めてきた。鉄鍋一杯に敷き詰められた餃子は、きつね色に焼けた皮、ジュージューと立てる肉汁の音が食欲を誘う。パリパリの皮は香ばしく、口に入れるとあんの肉と野菜の旨味・コクが口一杯に広がる。ご主人の二田さんの故郷である福岡・八女産の柚子胡椒を酢醤油に加えて餃子に付けると、文字通り箸が止まらなくなるほど美味しい。

丸い鉄鍋の縁に沿って、びっしり敷き詰められた「揚げ焼き」のひと口サイズ餃子は、50年来人気を誇る博多の名物料理！

餃子はひと口サイズ。香ばしく焼けた皮の中には、フレッシュな甘みのあんがぎゅっと詰まっている。

焼くときは、餃子を丸型の鉄鍋の縁に沿って、円形に隙間なくびっしりと並べるのが同店のスタイル。

餃子の町・博多で、地元の人だけでなく県外からもファンを集めている人気店が『博多祇園　鉄なべ』である。

博多・中洲の喧騒から少しだけ離れた、人通りはあまり多いとはいえない細い路地の中だが、営業時間前から店の前で待つお客がいるだけでなく、閉店間際の深夜まで訪れる人が絶えず、営業時間中はずっと賑わっている。

店の中は、壁に有名人のサインや取材時の写真などがずらりと並べられ、その多さに圧倒される。これを見ただけでも、知名度の高さが分かる。

メニューは餃子をメインに、おでん、手羽先煮、サラダやお勧めの小鉢類などの酒の肴も揃っている。餃子を注文し、餃子が焼けるまでの間に酒の肴をつまんで待つというお客が多い。

同店の餃子は、その屋号が示す通り鉄鍋で出すスタイルが特徴である。

近年、八幡餃子が注目され、八幡が鉄鍋餃子の元祖とも言われているが、同店は博多で50数年来、営業を続けているというから、オープンは昭和30年代後半ということになる。開業当初は博多の屋台を引き、鉄鍋を使った餃子を出していた。その斬新なスタイルが話題を集め、店を構えた今日まで、大勢のファンを集めてきた。

『博多祇園鉄なべ』の味の特徴

『博多祇園鉄なべ』では、餃子を注文すると「何人前ですか?」と訊ねられる。92ページの写真を見てもお分かりの通り、同店の鉄鍋餃子は、丸い鍋の縁に沿ってみっちりと詰め込んで焼くスタイル。見た目にはいかにもボリュームはありそうだ。しかし、口に入れるたびにその美味しさに食欲が刺激され、意外と量を食べられてしまう。個数を食べられる味づくりをしているのである。

同店の餃子は、小ぶりなひと口サイズ。酒の肴として、酒の合間に手軽につまめる大きさである。そして、1個1個にあんがしっかりと詰まっているのが同店の餃子のもう一つの特徴だ。

あんの素材は、その日仕入れた野菜類をその日のうちに使い切ることで、フレッシュな味わいを保つ。皮も自家製。同店の餃子は多めの油で揚げるように焼くので、加熱中に破裂しないよう微妙な厚さ調整が必要だからだ。

毎日、餃子がたくさん売れる『博多祇園鉄なべ』。その日の分を1人で仕込んでいては間に合わなくなるので、餃子づくりは2人の共同作業で行う。

まずあんを先に仕込んでおき、次に皮づくりと包む作業を同時に並行して行う。1人が皮をのばしたら、それをもう1人が取ってあんをのせ、手早く包む。息の合った作業で、餃子がどんどん包まれていく。

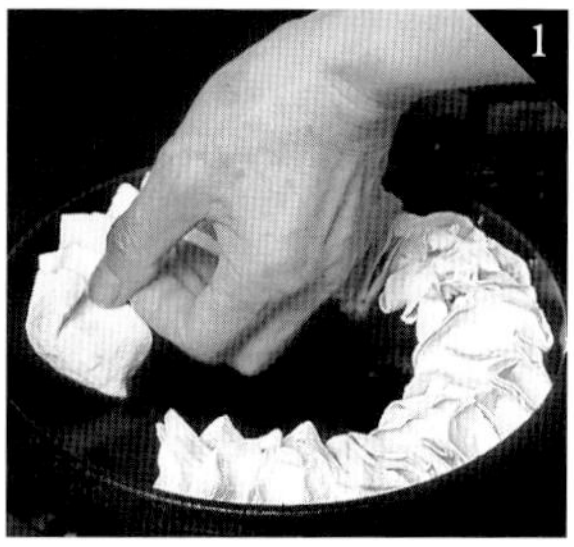

1

鉄鍋を火にかけ、餃子を鍋の縁沿って並べる。最後に空いた中央にも餃子を並べる。

2

鍋の中央から、やや多めの油を注ぎ入れる。多めの油で揚げるように焼く。

3

しばらく加熱すると油が熱くなり、餃子の皮が少し色付いてくる。

『博多祇園鉄なべ』の焼き方

餃子を焼くのは、ご主人の二田信義さんと息子の中島仁司さん。独自の焼き方で、皮はパリパリにしながらも、あんには火を入れ過ぎずしっとりとさせるには、熟練の技が必要だからだ。

焼き方は、鉄鍋の縁に沿って餃子を並べたら、鍋の中央から油を注ぎ入れる。餃子が半分浸かるほ

博多祇園 鉄なべ

住所／福岡県福岡市博多区祇園町 2-20
電話／ 092-291-0890
営業時間／ 17 時～ 23 時
定休日／日曜日・祝日

どの多めの油を入れるのがポイント。最初は油で餃子を揚げる感覚で加熱していく。

皮の色が少しきつね色に変わってきたら、水を注ぐ。このときは鍋の縁に沿って水を回しかけ、すぐに蓋をする。ここからは蒸し焼きの要領だ。

時間とともに水分が蒸発し、次第に減っていくと同時に、皮は油で熱せられて香ばしく色付いてくる。ここで焼き加減を見極め、火から外す。蓋をずらして鍋に残った油をきってそのまま蓋に餃子を出し、フライパンをかぶせ、フライパンを返して餃子をのせる。

盛り付ける際は、フライパンに先ほどの鍋をかぶせ、返して香ばしく焼けた餃子の底面を表に見せる。これで完成だ。

熱々の鉄鍋に焼きたての餃子がのり、肉汁が落ちて焼けるジュージューと美味しそうな音を立ててテーブルに提供される。油に浸

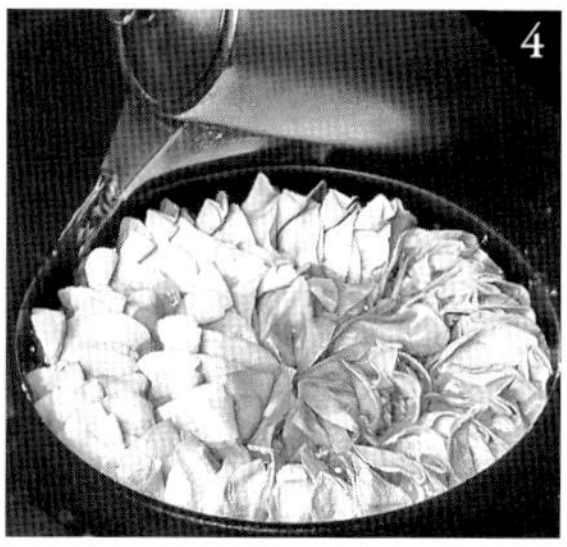

4

鍋の縁から水を注ぎ、蓋をする。時々鍋の位置を変えながらまんべんなく火を通す。

5

皮の底が色付いたら斜めにして油を捨て、蓋で受けて餃子をフライパンに出す。

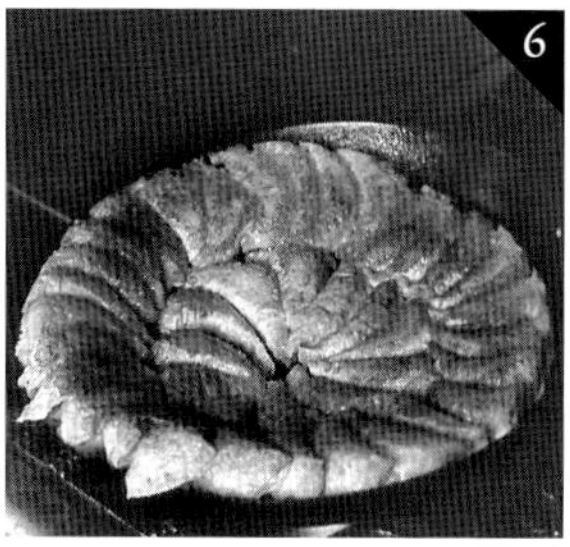

6

焼き目が上になるよう、餃子の底を上になるように鍋をかぶせて返し、鍋に戻す。

かっていた裏面が表になり、油がすっかりきれているので皮はパリパリとして軽い。匂いと音に加え、この香ばしい歯触りも食欲を刺激し、ひと口食べると止まらなくなるのである。

この餃子は、店では酢醤油にラー油ではなく柚子胡椒を勧めている。九州では餃子の薬味に柚子胡椒を使うところは比較的多いが、同店では柚子胡椒の中でもご主人の二田さんの故郷である福岡・八女で作られている柚子胡椒を使う点が同店の個性である。

揚げ焼きのようにして調理するので、ラー油では皮の中の油が出てきてしつこさが増してしまう。その点、爽やかな香りとピリッとした刺激の柚子胡椒は、皮の香ばしさとあんの自然な甘みをよりいっそう引き立て、たくさん食べても味覚が鈍ることはなくビールともよく合う。これも同店の餃子の大きな魅力といえる。

各地で
絶大な人気！
チェーン店
の餃子

ホワイト餃子

油で揚げるように焼くユニークな調理法、パリッとした歯応えで全国にファンが！

◉ホワイト餃子（20個） 900円

野田本店で焼き餃子を提供するのは毎日17時～19時30分ラストオーダーまで。餃子づくりに手間がかかるため、営業時間を極力短くしている。店内で提供する場合、付けだれは醤油、酢、ラー油に、一味唐辛子を好みでブレンドしてもらう。1日平均売れる個数は4000個ほど。同店の1日当たりの餃子製造個数の2割程度だ。一方、8割を占める生餃子の販売は毎日9時から売り切れ次第で終了する。販売個数は1人300個限定。

皿にぎっしり身を寄せ合うように規則的に並べられている。一見すると〝揚げ饅頭〟かとも思える形だが、そうではない。

　集団から1つ引き剥がし、口へ持ってくる。焼きたての証明である熱々の湯気が皮の香ばしい匂いとともに、鼻と唇を刺激する。

　おもむろにかぶりつく。途端、焼き色も鮮やかな皮はパリッと快い食感をもたらす。さらに噛むと、内部からジワジワとあんの旨味が出てきて口の中を満たす。

　見た目、調理法、味ともに、餃子界で異彩を放つ存在――それが『ホワイト餃子』の餃子だ。

『ホワイト餃子』はその「ホワイト」の名にルーツの秘密がある。ホワイト餃子チェーン本部／野田食品工業㈱代表取締役の水谷方昭氏は言う。

「私が二代目で、初代である父の信一が第二次世界大戦中、仕事で中国の黒龍江省チチハルにいた時、知り合いの中国人から自宅へ招かれたそうです。そこで出されたのが餃子。初めて接する食べ物の美味しさに感動し、知り合いにその作り方を教わりました」

　その知り合いの名前が「パイ」さん。漢字では「白」。だから「ホワイト」餃子なのだ。

　信一氏は戦後、名古屋に帰り、教えてもらった水餃子の屋台を奥さんと始めた。ところがなかなか売れない。そこで、腹持ちが良い

ホワイト餃子チェーン本部の水谷方昭代表取締役。「オリジナルの餃子の味を楽しんでいただきたい」という。

加熱しても破裂しないようにと、厚めの皮に饅頭のような独特の形に丸く包んだのが特徴の同店の餃子。

自家製の皮は三層構造で、あんの旨味をしっかりと受け止め、外に逃さないようにと考案されたもの。

平日はフライパンだが、週末の混み合うときは、超大型の鉄板で、一度に餃子を焼く。

焼き餃子に方向転換した。

その後、一家は奥さんの実家がある千葉県野田市に移る。そして、様々なメニューを揃える食堂を始めた。餃子もあったが、餃子を注文する客は少ない。

「でも、父には餃子に対する思い入れがあったのでしょう。餃子の研究は怠りませんでした。そして、メドがついたことから、昭和40年、今本社がある場所の近くに餃子専門店を開きました」と水谷氏。

看板には当然『ホワイト餃子』の文字。本格的な餃子研究はここから始まった。ある大手の食品メーカーに頼んで、そこの研究室で香辛料の研究を行った。

注目され始めたのは昭和33（1958）年以降。当時のスポーツ選手が餃子好きだと話題になり、近所の人が買いに来るようになって人気が出始めたという。

ホワイト餃子といえば、独自の「暖簾分け」システム。このきっ

ガスを点火し、餃子が八分目ぐらい浸るぐらいに熱湯を注ぎ込む。

ガスを強火にして窓付きの蓋をしてそのまま8分ほど加熱する

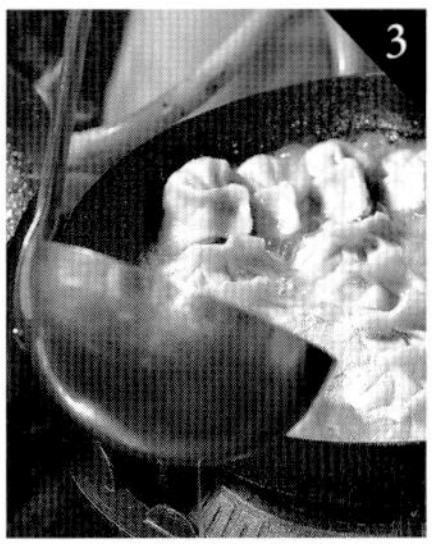
窓から大きな泡が見えたら蓋をはずして、油を注ぎ入れる

強火で加熱し続けると、白く濁っていた液体が徐々に透明になる

かけとなったのが昭和41年、ホワイト餃子の作り方を請う人を研修生として迎えたことだった。以来、支店は増え続け、現在、全国各地に26店舗を展開。
グループ店は「本店」に加え「支店」と、加盟条件や活動自体は支店と変わらないが、専門店として経営が難しかったりグループ店と同じ価格で販売できないなどの点を本部から認められた「技術連鎖店」（現在、加盟申し込みは受けていない）で構成されている。

『ホワイト餃子』の味の特徴

ホワイト餃子の味はどのように作られるのか。まず「皮」からご説明しよう。機械でこねてのばした小麦粉は「三層」から構成される。直接揚げ油で揚げる層とあんを包み込む層があり、この間にもう1つ層を挟みこむ。

油で揚げる層はパリッと揚がり食感が楽しめる。あんを包み込む層は具材の味がしみ込み、じわっ

ホワイト餃子　本店

住所／千葉県野田市中野台278
電話／04-7124-2424
営業時間／17時～19時30分
（生餃子の販売は9時～売り切れまで）
定休日／水曜日

と旨味がにじみ出る。こういう異なる味わいが混じらないように、真ん中の層が防いでいる。とともに、この層だけはより小麦粉の味が引き立つような粉の配分を行っている。

あんの具材は、白菜、ニラ、豚肉、そしてキャベツ。決め手はその時季に最も味のいい産地の野菜を使うことと、苦労を重ねた上に完成させた混合香辛料だ。にんにくはあんの具材としては使わず、香辛料に入っている。

ホワイト餃子ではこれを焼いて店で提供するほか、この段階の「生餃子」を販売し、さらに「冷凍餃子」として通信販売も行う。

『ホワイト餃子』の焼き方

ホワイト餃子は、その製造法だけでなく「焼き方」にも特有のものがある。まず、加熱していない鉄製のフライパン全体に、餃子をしきつめる。これは、隙間があると油がはねて危険なためだ。

焼き目がよく付くように、フライ返しで押さえる

餃子の底がきつね色になった頃を見計らってフライ返しで押える。

中火にし油を専用容器に戻したら、皿に盛り付ける。

ガスを点火すると同時に、熱湯を餃子が八分目まで浸るぐらいに入れる。ガスを強火にし、蓋をしてそのまま8分ほど加熱する。

大きな泡が出てきたら蓋をはずして、餃子がもぐるぐらいまで油を注ぎ入れる。これ以後、蓋ははずしたままにする。

このまま強火で加熱し続けると、当初はお湯と油混合の液体は白く濁っているのが、水分が蒸発し徐々に透明になってくる。この間、3分ほど。そこで、再び油を餃子がもぐるぐらいまで注ぐ。

この段階で餃子の底がきつね色になるので、フライ返しで押えて全体に火を入れて中火にする。油は専用容器に戻す（3～4回の使い回しが可能）が、少しだけフライパンに残し、餃子の底に焦げ目をつけて火を止める。

あとはフライ返しで餃子をひっくり返し、皿に盛り付けてでき上がりだ。

各地で
絶大な人気!
チェーン店
の餃子

ぎょうざの満洲

食材は国産、鮮度にもこだわる。安くて飽きのこない餃子が人気！

◉餃子（6個）226円

ジューシーな肉の旨味とキャベツのシャキシャキした食感、厚めでもちもちの皮の一体感が楽しめる焼き餃子。「毎日食べても飽きのこない餃子」を目指し、あえてシンプルな味づくりを実践している。醤油やラー油で食べるのはもちろん、そのままでもおいしく食べられるよう、あんに味付けがされている。焼き餃子１人前にチャーハンが付いた「チャーハンと餃子」620円（税込み669円）や、餃子が２人前（12個）の「ダブル餃子定食」510円（税込み550円）が人気メニュー。

埼玉と東京、大阪、兵庫の駅前立地を中心に、計80店舗（平成28年3月現在）を展開中の『ぎょうざの満洲』。お得で美味しいという意味を込めた「3割うまい!」（うまい、安い、元気）を合い言葉に、焼き餃子1人前（6個）を210円（税抜き）というお値打ち価格で提供し、幅広い客層の人気を獲得している中華チェーンである。

　同店の創業者・金子梅吉さんは、昭和39年に脱サラして、埼玉・所沢に『満洲里』という餃子屋を開いた。終戦後に満洲から帰国した兄が「向こうで食べた餃子の味が忘れられない」と、何度も話していたのがきっかけだった。日本人には馴染みがない食べ物だったが、兄から「満洲ではどの家庭でも作られていて、主菜としてもおやつとしても食べられている。いつも身近にあるのが餃子だった」とくり返し聞き、日本でもきっと餃子は流行ると考え、それが見事に当たったのである。

　当時の様子を、金子さんの娘で現在の二代目社長である池野谷ひろみさんは、こう話す。

「店は繁盛しましたが、父はなかなか餃子をうまく包めなかったようです。それで、たった1店舗しかないのに、当時としては高価な餃子を包む機械を導入しました。それだけ、餃子がよく売れていたのです」

　店舗数が増えた現在では、埼玉・

代表取締役社長の池野谷ひろみ氏。創業者であり、現・会長の父の跡を継ぎ、同店の餃子の味を守り続ける。

工場で毎朝皮から製造し、オープン前に各店舗へ配送。生餃子の鮮度にこだわり、「製造日が賞味期限」をモットーとする。

その日の朝に作った餃子は、オープンキッチンの厨房で、オーダーごとに焼き上げる。餃子の香ばしい香りが店内に漂う。

坂戸と鶴ヶ島、吹田（大阪）の計3箇所に自社工場を設立。餃子の製造は、坂戸工場で毎日早朝の3時半頃から始まる。朝7時には出荷、開店時間までに各店舗へ配送される。1日に製造される生餃子と冷凍餃子は、合わせて平均36万個。冷凍餃子は主に宅配注文用で、店舗では主に生餃子を使用する。保存料を一切使わないので、作り置きはせず、その日に作った餃子をその日に売り切るスタイルを、今もしっかり守っている。

　餃子のテイクアウト率が30～35％と非常に高いのも、同店の特徴だ。同店では、店舗ごとに週に2～3日の『特売日』を設けている。たとえばテイクアウトの生餃子の場合、1パック（12個入り）が通常324円のところ、特売日は259円で提供する。この特売日は創業まもなくから始めており、同店のテイクアウト率を高める要因の一つになっている。

1 餃子焼き器の火力を全開にし、鉄板をよく熱しておく。

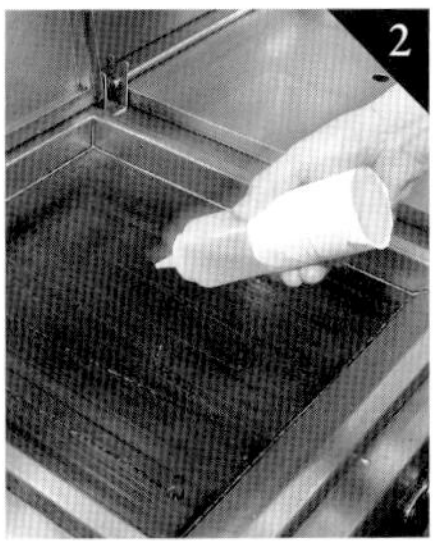

2 鉄板が熱くなったら、適量の油をしく。油はサラダ油を使用。

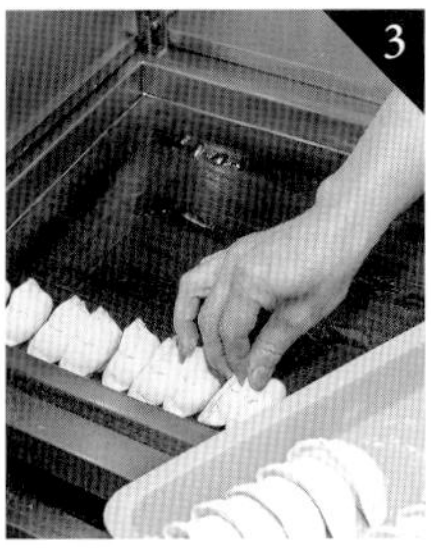

3 油がなじんだら、餃子同士がくっつかないよう間隔を開けて並べる。

4 餃子に約500mlの水を注ぐ。水量は個数にかかわらず同じに。

『ぎょうざの満洲』の味の特徴

　あんの材料は、豚挽き肉、キャベツ、ニラ、玉ねぎ、生姜などで、豚肉も野菜も国産を使用する。

　豚肉はと畜して1週間以内の生肉を使うため、豚肉特有の臭みがなく、冷凍肉のように解凍で肉汁を損うこともない。

　野菜は契約農家から直接仕入れている。キャベツは長野や茨城などの農家から朝どりしたものを仕入れ、翌朝には使用する。このように、食材の鮮度には徹底的にこだわっている。

　肉と野菜の割合は5対5で、餃子1個の重量は約24g。肉のジューシーな旨味はもちろんのこと、肉の臭みがないため、野菜の持つ甘みが感じられる。

「うちの餃子は、野菜のシャキシャキした食感が持ち味の一つ。私は〝サラダのような餃子〟と、いつもいっているんですよ」という池野谷さん。

ぎょうざの満洲 坂戸にっさい店

住所／埼玉県坂戸市にっさい花みず木 1-4-1
電話／ 049-288-6610
営業時間／ 10 時 30 分～ 21 時（ラストオーダー 20 時 40 分）
定休日／無休

自家製の皮は、もっちりとしたやや厚めのもの。加水率約50％という多加水の生地なので、扱いは難しいが、独自の技術を駆使して、モチモチと柔らかい皮を作る。焼餃子はもちろん、水餃子にしても美味しく食べられる。

こうして、野菜の甘みと肉の旨味、モッチリした皮が一体化した餃子ができあがる。

「おかずにも、おやつにも、おつまみにもなる。家族みんなが、いつでも気軽に食べられるのが餃子の魅力です。うちが目指すのは、毎日食べても飽きない味。毎日でも気軽に食べてもらいたいから、飽きのこない味を追求しています」という池野谷さん。大きな特徴をあえてつくらず、シンプルに徹した味で、幅広い常連客を掴んでいる。

『ぎょうざの満洲』の焼き方

同店では、一度に8人前の餃子が焼ける餃子焼き器で、注文ごとに餃子を焼き上げる。一番のポイントは、食材の旨味を閉じこめるように蒸し焼きすることだという。少し間隔を開けながら餃子を並べ、焼き目を付ける前に水約500㎖を注ぎ、すぐに蓋を閉める。蒸気でうま味を閉じこめながら蒸し焼きにするため、素早く蓋を閉めて蒸気を逃さないようにするのがポイントとなる。

およそ3分半蒸し焼きにし、水けが少なくなってきたところで餃子焼き器の蓋を開け、ディスペンサーで差し油（サラダ油）をする。これは、皮の表面にパリッとした食感を持たせるためだ。再び蓋を閉めて焼き、パリパリという音がしてきたら、間もなく焼き上がりのサイン。餃子の焼き色を見て、周りが焦げ茶色になっていたら焼き上がりだ。

きれいな焼き色を付けるため、焼くたびにヘラで鉄板をきれいに掃除することは欠かさない。

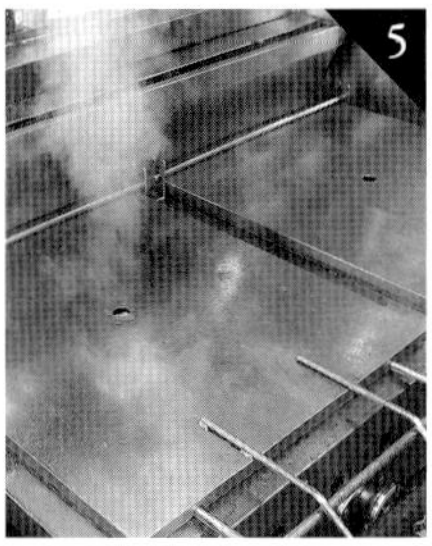

水を注いだら、すぐに蓋をして3分半蒸し焼きにする。

水が少なくなったら、油をかける。皮をパリッとさせるのが目的。

再び蓋を閉めて1～2分焼き、皮にこんがりと焼き色をつける。

1人前につき6個を盛り付けて提供。焼くたびに鉄板を掃除する。

紅虎餃子房

北京の棒餃子をヒントに開発！シズル感たっぷりの餃子で人気を獲得

◉ 鉄鍋棒餃子 550円

中国・北京の棒餃子と、博多名物の鉄鍋餃子を組み合わせて誕生した「鉄鍋棒餃子」。テーブルに運ばれたときのシズル感と、アツアツの状態が最後まで持続するのが魅力。中のあんには10種類の食材を使っており、ジューシーで食べ応えも満点。店では、酢を多めに入れた酢醤油を付けて食べることを勧めている。また、中国産の黒酢を醤油に少し垂らして食べるのもお勧めで、思ったほど酸味はなく、コクのある美味しさが味わえる。

『紅虎餃子房』は「鉄鍋棒餃子」を看板に、1996年にオープン。熱々の鉄鍋に棒状の餃子をのせて供されるスタイルが話題を呼び、現在では全国に直営店72店舗・FC店6店舗（平成28年3月現在）を展開する人気店となっている。

　この餃子を開発したのは、同店を経営する際コーポレーション㈱代表取締役の中島武氏。中島氏はもともと中華料理が好きで、特に香港などの路地裏にある、町場の食堂の雰囲気を好んでよく行っていたのだという。

「飲食店の中でも一番臨場感があって、自分もそういう店をつくりたいと思った。そして、日本人に中国の庶民的な日常の料理を気軽に味わってもらいたくて、中華料理店を始めました」と話す中島氏。

「鉄鍋棒餃子」は、中国・北京で食べた「褡褳火焼《ターレンホウショウ》」をヒントに開発したもの。もともと「褡褳火焼《ターレンホウショウ》」は、現地では細長い棒状の焼餃子が皿に積み重なった状態で出てくる。中国では焼餃子を出す店が少ないため、この料理は珍しく、何より美味しいと思ったという。そこで、中島氏はこの餃子をメニュー化しようと、店に頼み込んで厨房に入らせてもらい、作り方を教わってきたのである。

　この餃子にさらに付加価値をつけようと、中島氏は自身の故郷である福岡の名物「鉄鍋餃子」を合

「鉄なべ棒餃子」を開発した、際コーポレーション㈱代表取締役の中島武氏。今後も餃子の店を手がけていきたいという。

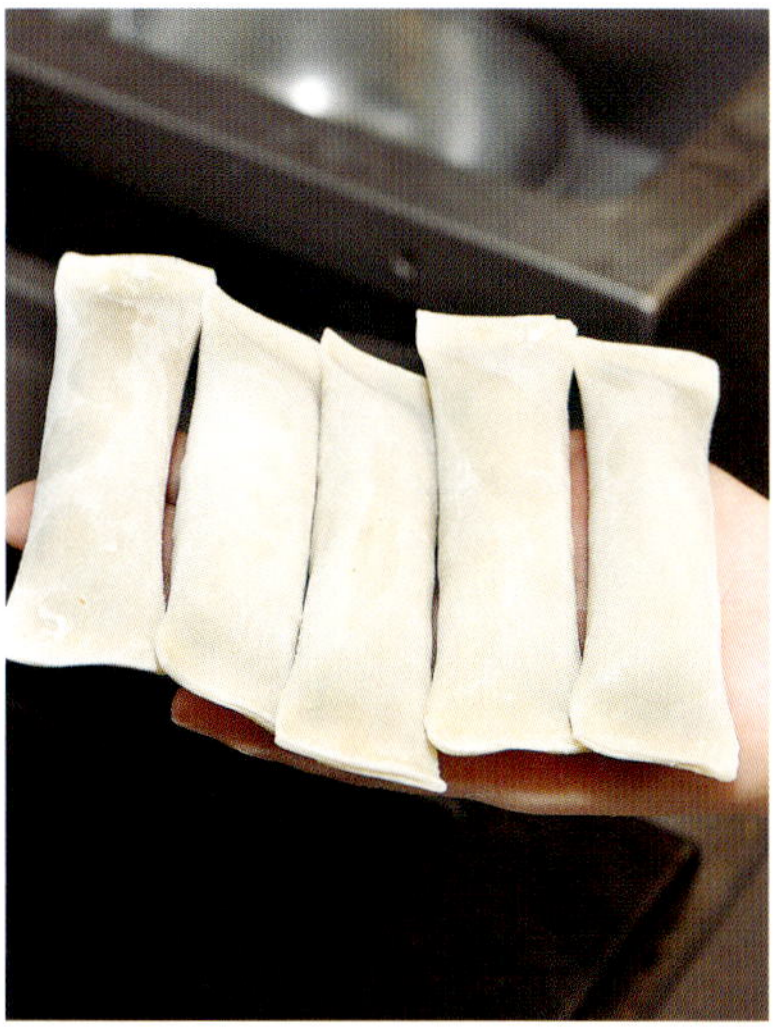

豚肉、白菜、玉ねぎ、山くらげなど、あんの具材は多め。素材の持つ食感を生かすようにしている。パリッと焼き上げるため、包む作業は各店舗で行なう。

体させることを考えた。ジュージューと焼けるシズル感があり、保温効果も期待できる。こうしてできたのが、『紅虎餃子房』の「鉄鍋棒餃子」だった。

　中島氏は「他のメニューもそうですが、私は本場の料理をベースに、うちの店らしくアレンジする。ベーシックな料理をもっと美味しくしようという発想ですね。中国の餃子も、日本で売ろうと考えたらもっと美味しくできると思いました。それが、この鉄鍋棒餃子なんです」と話す。

　実は『紅虎餃子房』を開業する前の1994年、東京・福生に出店した同社の1号店『韮菜万頭』で、「鉄鍋棒餃子」はすでに提供を始めていた。すぐに人気メニューとなったが、当初は大きな皮を店で手づくりしていた。小麦粉からこねて皮を1枚ずつ手でのばし、餃子を包む作業は大変だったのが、当時の思い出だ。

注文が入ったと同時に、提供用の四角い鉄鍋を充分に熱する。

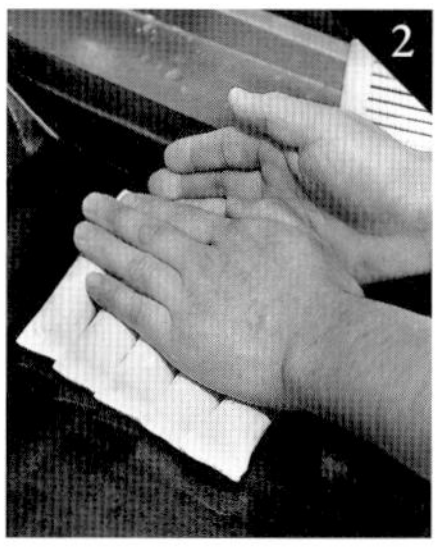

別の餃子鍋を熱して薄くサラダ油をしき、餃子を並べる。

餃子を並べ終わったらすぐに、多めの水を注ぎ入れる。

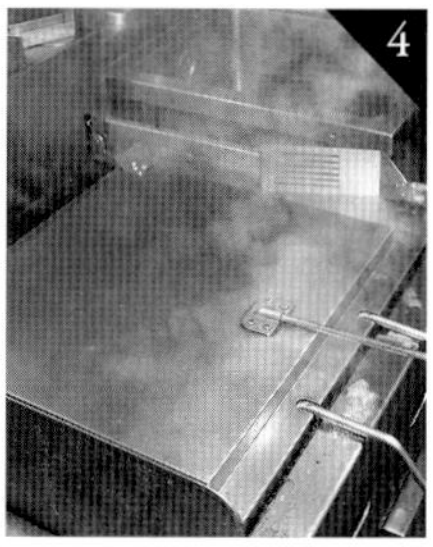

すぐに蓋をし、2分半～3分かけて蒸し焼きにする。

「中国人はとにかく餃子をたくさん食べる。日本人のようにご飯と一緒に食べたりせず、餃子をひたすらたくさん食べるんですよ」という中島氏。中国の食堂のように食べ応えのある餃子をたくさん食べてもらえる、そういう店をこれからも出していきたいという。

『紅虎餃子房』の味の特徴

「中国で餃子はどの家庭でも作られる身近な料理だから、材料に決まりなどない。にんにくは入れないけど、肉は豚を使う場合もあれば、鶏もある。野菜も白菜に限らず、大根やトマトなどいろいろある。だから、自分の美味しいと思う具材を入れて、この棒餃子を作りました」という中島氏。ただし、常に美味しさを追求し、使う材料、味付け、皮の厚さなどは、時代に合わせて改良し続けている。

　あんの材料は、豚肉、白菜、キャベツ、玉ねぎ、ニラ、山くらげ、きくらげ、生姜、春雨と、開業当

紅虎餃子房 人形町店

住所／東京都中央区日本橋人形町 1-16-10
電話／ 03-5614-5305
営業時間／11時30分～15時（ラストオーダー14時30分）、17時30分～23時（ラストオーダー22時。土曜日・日曜日・祝日は11時30分～23時、ラストオーダー22時）
定休日／年中無休

時に比べて盛りだくさんの内容。味わいや食感の異なる多種の材料が、ジューシーな旨味を奏でる。

味付けは、中国では餃子に酢だけを付けて食べるため、本場に合わせて当初は濃いめの味付けにしていた。ところが、日本人は餃子に酢醤油を付けて食べる習慣があるので、中国式の味付けだと濃すぎることもあり、現在は薄めの味付けにしている。また、あんを包む自家製の皮は、現代人の味覚に合わせてやや薄めになってきている。それでも、餃子1個は40gとボリュームたっぷりだ。

店舗展開を行っているので、皮は専用の四角い形のものを仕入れるが、あんの仕込みと包む作業は各店で行う。焼き上がりのパリッとした食感が、「鉄鍋棒餃子」の身上。包んで時間を置くとあんの水分が皮に移り、焼き上がりがベタッとしてしまうため、店で包む作業は欠かすことができない。

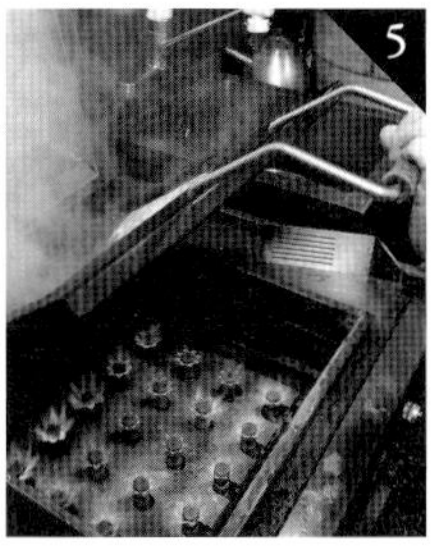

5 皮が均一に膨らみ、全体に透明感が出てきたら、水を捨てる。

6 餃子全体に油を振りかけ、蓋をして2分半焼き、焼き目を付ける。

7 熱しておいた1の鉄鍋に焼き目を上にしてのせ、裏側も焼く。

『紅虎餃子房』の焼き方

棒餃子は大きい餃子鍋で焼き、別に熱しておいた熱々の鉄鍋にのせて提供する。餃子鍋は一度に6人前しか焼けないので、ランチなどの時間帯は、大きな鉄板でまとめて焼く場合もある。

焼き方は、まず1人前5個の餃子を鍋に並べ、水を入れて蒸し焼きにする。餃子の皮が均一に膨らんで透明感が出てきたら、水を捨てる。全体に油を振って再度焼き目を付け、別に熱しておいた鉄鍋に焼き目を上にしてのせる。こうすると、焼き目の付いていない面にも焼き色が付き、皮全体がパリッと香ばしくなる。

焼きたては肉汁が飛び出して、火傷しそうになるほどジューシー。時間を少しおいても、鉄鍋の効果でなかなか冷めず、美味しい肉汁がしっかり味わえる。食べ終えるまで熱い状態が続くのが、同店の餃子の大きな魅力だ。

餃子の王将

“餃子界の巨人”の魅力は、手軽な価格、国産食材、大きさ、フレッシュ感に!

◉餃子（6個）237円

あんの主材料は国産の豚肉、キャベツ、ニラ、にんにく、生姜など。豚肉はセントラルキッチンで挽き肉にし、劣化を防ぐために1時間以内にあんにし、包んでチルド配送。手づくり感とフレッシュ感を最も大事にする。1個25gのサイズは、食べやすい上に満足感も得られる大きさ。1皿237円で6個計150gあり、ボリューム感もある。焼き上がりはジューシーで、ご飯にもビールにもよく合う。※関東と静岡の一部店舗は6個259円

1日に作る餃子は200万個、33万食分。使うキャベツは1日23tにも！

昭和42（1967）年に京都・四条大宮で1号店を開業して以来、日本各地で着実に店舗を増やし、40年後の2007年にはついに500店舗を達成。2016年4月現在、国内に707軒もの店舗を擁す、餃子界で他の追随を許さない圧倒的な巨人、それが『餃子の王将』（㈱王将フードサービス／渡辺直人代表取締役社長）である。

メニュー表を見ると、さまざまな料理を提供する中華レストランだが、餃子を屋号に掲げ、メニューの核に据えている『餃子の王将』は、餃子好きにとってはやはり餃子の店であり、どの町でも気になる店だ。〝餃子〟と言えば『王将』をイメージしてしまう、ある種「別格」の存在感がある店といえるだろう。

さらに、一般的には全国展開する飲食店だからどこの店でも味は同じのはずだが、『餃子の王将』は特定の店のファンがいることでも知られる。

店によって提供される料理が異なることもある。餃子が3皿も付く定食を出す店もあれば、定食に餃子が付いていない店もある。グランドメニューは同じでも、地元密着を重視するため、各店舗でお客のニーズに応じた料理も出しており、その柔軟さが、『餃子の王将』の魅力の一つでもあるのだ。

同社では、現在、餃子の売上げは全体の約23％を占めているという。「餃子をメインにしてはいますが、ラーメンも定食もある。食事だけではなく居酒屋にもなる。餃子だけの一面性ではなく、いわば〝十面性〟を持っている。そして今後は、この魅力をさらに充実させていきます」と渡辺氏。

「創業以来の『安い』『美味い』『早い』を、時代の変化の中でも守っていくためにチャレンジします」と、㈱王将フードサービス・渡辺直人代表取締役社長

静岡以東の東日本では2016年4月から、餃子は5～10℃に温度管理されたセントラルキッチンで皮に包まれた状態まで仕上げ、各店舗にチルド配送される。

その言葉通り、『餃子の王将』は近い将来を見据えて大きく変わろうとしている。

『餃子の王将』の味の特徴

同社では「安さ」「美味しさ」「スピード」を売り物にしているが、さらに餃子には「フレッシュ感」「国産食材」「大きさ」に重きを置いている。

まず「フレッシュ感」は、素材にある。一括大量仕入れによって価格を抑えつつ、より品質の高い素材を選択している。肉は国産豚を枝肉で仕入れ、セントラルキッチンで挽き肉にする。挽くと表面積が大きくなり、急速に劣化が進む。このため、肉は挽いてから1時間以内で野菜類と合わせてあんにし、皮も、セントラルキッチンで、北海道産の小麦粉を使って作る。店では、その日のうちに調理して提供するのが基本。

「今、少子高齢化が進んでいる我が国で、飲食店は人材確保がさらに難しくなっています。そうした環境下でも、創業以来の『餃子の王将』の餃子を、お客様に安定して、これまで以上に楽しんでいただくために、厨房の作業効率化に取り組んでいます。これまでの店内での手包みをセントラルキッチンで行う態勢にし、フレッシュ感を損なわないよう、チルドで各店舗に配送する形に変更を始めています」と渡辺氏。

このため、設備投資をはじめレシピの見直しなど、根本的な部分からの変更に取り組み、2016年4月から東日本地区で新しい試みをスタートした。

次に「国産食材」だが、主要食材である小麦粉、豚肉、キャベツ、ニラ、ニンニク、生姜は、すべて国産品を使用。特に小麦粉は北海道産、にんにくは青森産と、産地にもこだわっている。このようにして安心、安全で美味しい餃子を生産している。

1 鉄板をよく熱し、油をかけて全体に広げ、馴染ませる。

2 鉄板から煙が上がったら、餃子を並べる。焼き上げたとき隣の餃子と皮がくっついてしまうので、適度に間隔をあけて並べる。

3 ひと呼吸置いて、皮に焼き目が付いたかどうかをチェックする。最初に焼き目を付けると、仕上がりがきれいでパリッとなる。

餃子の王将 池袋東口店

住所／東京都豊島区南池袋2-27-5　南池袋共和ビル
電話／03-5955-6050
営業時間／火曜日～土曜日 11:00 ～深夜2:00（ラストオーダー）
日曜日・月曜日 11:00 ～ 22:00（ラストオーダー）
定休日／無休（年末年始、臨時休業有り）

最後に「大きさ」。『餃子の王将』の餃子は、1人前6個で合計150gある。1個25gだ。酒の肴に向くよう小さいサイズの餃子も人気を集めているが、店には食利用のお客も多く、食べて満足感のあるボリュームを追求した結果、この大きさになった。

餃子の焼き方

一度に大量の注文を受けられる大きな鉄板で、餃子を焼き上げるのも『餃子の王将』の日常的な光景。店舗の規模によっても異なるが、大型店では一度に20人前（120個）は焼ける鉄板を使用する。

基本的な手順は、熱した鉄板に油をしき、餃子を適度な間隔を付けて並べる。一呼吸置いて皮に焼き目を付けたら、水を注ぎ入れ、蓋をして蒸し焼きにする。

完成した餃子は、ジューシーで噛むと肉汁があふれ出る。この餃子をより美味しく食べてもらうため、専用のたれを用意しているが、

水を注ぐ。ムラなく行き渡るようにかける。水は少なすぎても多すぎても美味しく焼き上がらないので、分量の見極めが大事。

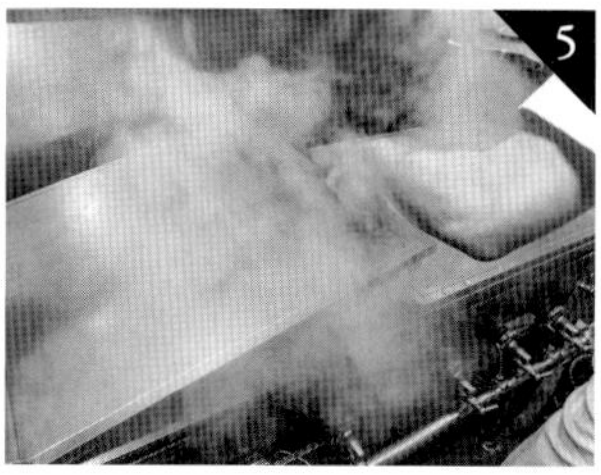

水を注いだら、すぐに蓋をして蒸し焼きにする。焼き上げまでは長くても7分。その間、蓋は開けない。

蒸気が上がらなくなり、中まで火が通ったら、ヘラですくう。底を上にして、香ばしい焦げ目を見せるように盛り付ける。

これは実は各店でスタッフが店の餃子に合う味としてブレンドしているもの。比べてみると、微妙な味の違いがあるという。また店によっては特製のラー油やみそだれを用意し、お客に色々な食べ方を提案する。

餃子を日常食として、手軽に提供することで人気を集めてきた『餃子の王将』。餃子の仕込みをセントラルキッチンで一括して行う態勢にし、店舗作業の負担を減らしたことで、他メニューや接客の充実はもちろんのこと、今後は各店舗での餃子を使った販促も積極的に実施。さらにスーパーなどへの販路拡充も視野に入れている。

また将来的には、冷凍品の開発も行い、出店空白地への出店や、海外への出店も考えている。手軽に楽しめる餃子を、時代に合わせてさらに幅広いお客に提案し続ける。そのための戦略を取り始めたところだ。

中国庶民料理 元祖ぎょうざの店 珉珉

日本の〝餃子文化〟をリードしてきた、関西最古の餃子は、超極薄の皮が魅力

◉鍋貼餃子（7個）320円

豚肉と羊肉、サラダでも食べられるほど新鮮な白菜、青森産のにんにくなどで作るあんを、厚さ0.45～0.46㎜という超極薄の皮に包んだのが、『珉珉』の餃子である。昭和28年に先代が教わった「鍋貼児」をベースに、17年の年月をかけて現在の形が完成した。大きめの皮はつるっとした喉越しで、いくらでも食べられそうな味わいだ。酢を多めにした酢醤油がよく合う。

大阪で餃子と言えば、多くの人が、特に年配の人なら即「『珉珉』！」と返って来るほどの人気。関西一の老舗である。東京なら「みんみん」だが、大阪では「みんみん」と呼ばれる。

パリッと焼けた超極薄の皮、独特の風味が同店の餃子の特徴で、ビールのおつまみをはじめとして人気を集めている。

初めて『珉珉』に入り、「餃子！」と注文すると、「何人前？」と聞かれて驚く。

出てきた餃子は、見た目にはやや小ぶりだが、ひと口食べてみると他店にない個性に驚かされる。非常に薄くてふんわりとした食感。喉越しはつるっとしていて、まるでワンタンを連想させる。食べるほどに箸が止まらなくなる。何個でも食べられそうで、最初に「何皿？」と聞かれた理由に改めて納得させられるというわけだ。

現在、直営店19店舗に、のれん分け店を加えると62店にもなる。

㈱珉珉本店会長の古田暁生氏の父である故・古田安夫氏と、故・平嶋ニノエ氏が、昭和28年に1号店を大阪・千日前に開業した『珉珉』。そのルーツを辿ると、意外なことに東京に行き着く。

当時、画家だった古田氏が所用で東京・上野に出向いたとき、偶然に知人と出会ったことがきっかけだった。昭和28年当時、その知人は内モンゴル系の中国料理店の「珉珉羊肉館」（現在は閉店）を営んでおり、万頭や餃子が人気を集めていた。その店で、昭和22〜23年には出していたという「鍋貼児《コウテル》」（余った水餃子で作る焼餃子）を教わり、商標使用の承諾も受けて28年の12月に大阪で店を開業した、というものだ。

場所は現在の『千日前本店』と

「工場では本当に手間隙をかけて作っている」という㈱珉珉本店・古田暁生代表取締役会長。自分にとって「餃子は神聖なもの」とも言い切る。

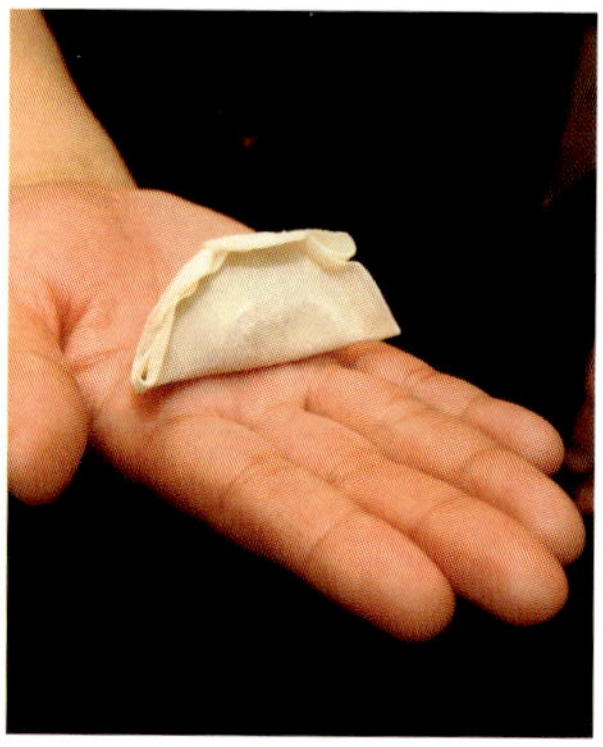

強力粉100%の皮は薄くて大きめだが、餃子1個の重量は約17グラムとやや軽め。

同じ所。母が惣菜店を営業していたところだった。開業費用もなかったのでベニア板で壁を張り、画業を活かして絵を描いて店にした。しばらくすると来店したお客にも絵を描かせるようになり、それが面白いと新聞にも取り上げられ、人気が出はじめた。

ちなみに、今日、多くの店で行なわれている、「コウテル、イーガァー（焼餃子1人前）」といったように中国語で注文を復誦するのは『珉珉』が始めたこと。それ以外にも中国語を日本式に言い換えたりした〝珉珉語〟で注文をさばくスタイルが人気を集めた。

最盛期には、店の入口から千日前まで、100m以上お客が並んだ。昭和32年頃は待ち時間が1時間は当たり前で、一度の注文が100人前入ることも多くなった。13坪の店で最高で5000個（700人前）売ったこともあり、餃子の供給が間に合わなくなった

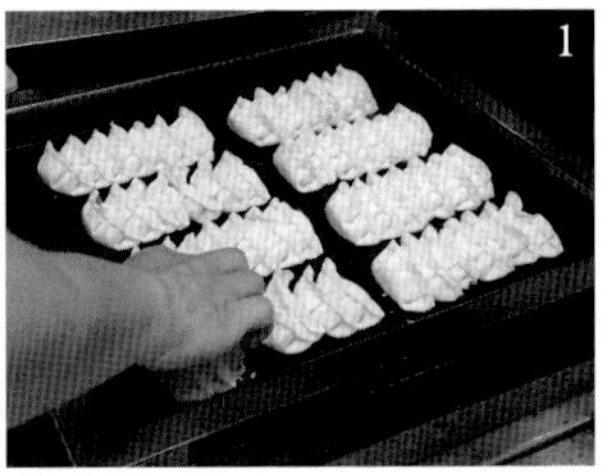

熱した鉄板に油を薄くしいたら、餃子を並べる。餃子は解凍せず、凍った状態から鉄板で過熱していく。

餃子を並べたら、上から軽く油をかける。油は軽い味わいの落花生油を使う。

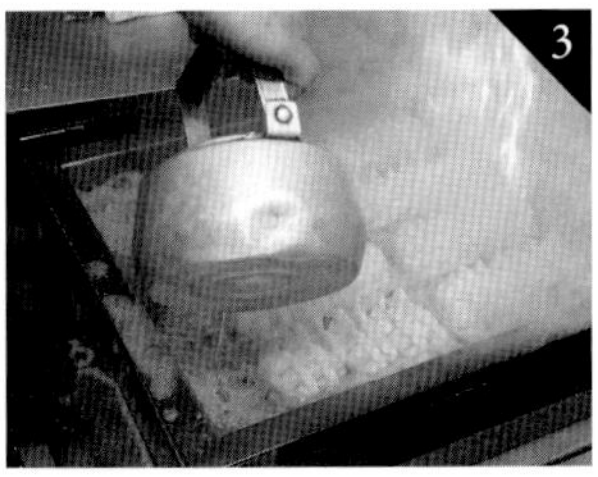

すぐに水を注ぐ。ヤカンから、餃子全体に水を振りかけるようにして注ぐ。

ため機械を導入。ただし極力手作りに近い形を目指して改良を加え、現在の形になっていった。

『珉珉』の味の特徴

昭和28年当時、最初に教わったのは羊肉が主体の餃子。当時は高級品の豚の代わりに、と畜された安価な老羊の肉を使っていた。ただし老羊は臭いが強いので、餃子に使う際には臭い消しのためのにんにくを入れた。日本独自の餃子のルーツといえるものだった。

当初の味を、『珉珉』では人々の味覚に合わせて改良を加えていき、昭和45年に現在の味にした。あんの塩分は当時の半分以下に、独特のクセが気になる羊肉は量を減らし豚肉を多くした。白菜をたっぷり使い、豚肉、羊肉、にんにくなど、18種類の材料を合わせてあっさりとした中にも深いコクを作り出す。

皮も『珉珉』ならではのもの。強力粉100％を使い、こねて作

中国庶民料理　元祖ぎょうざの店　珉珉　千日前本店

住所／大阪府大阪市中央区千日前 2-11-25
電話／ 06-6641-6088
営業時間／ 11 時 30 分〜 23 時 30 分（日曜日・祝日は 23 時まで）
定休日／年中無休

る皮の厚みは、何と0・45〜0・46㎜という極薄。機械で作れる限界だ。

さらに、各素材の品質を高めた。白菜はサラダでも食べられるほど新鮮なもの。にんにくは青森産。外国産の10倍はする高価なものだが、味のレベルを維持するために使い続けている。

古田暁生会長は「料理は毎日口に入れるものだから、我々は医者以上にお客様の健康を預かっているのです。味の見直しは毎日の仕事として、全社的に取り組んでいます。安心して、自分の子供にも食べさせたいものを作っていきたい」と語る。

餃子の焼き方

皮が極薄で、水分を吸うと破れやすくなるため、『珉珉』では工場であんを包み、それを急速冷凍して配送する。各店舗では、凍った状態の餃子を焼き上げるための焼き方を行なっている。

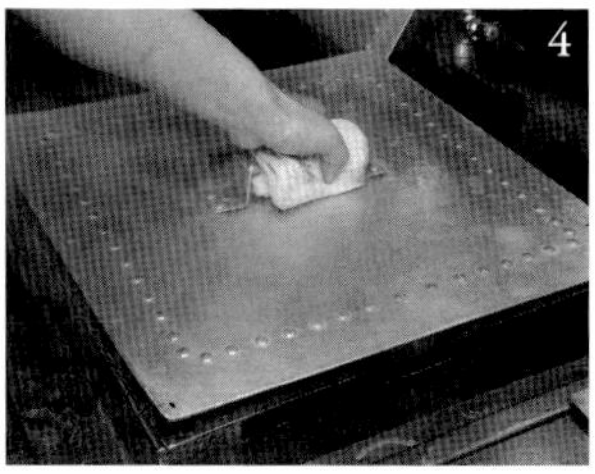

すぐに蓋をし、蒸し焼きにする。時間は5〜6分。勢いよく上がっていた蒸気が出なくなった頃が目安だ。

底の焼け具合を見て、一度ヘラで持ち上げ皮と鉄板の間に空気を入れる。これでパリッとした焼き上がりになる。

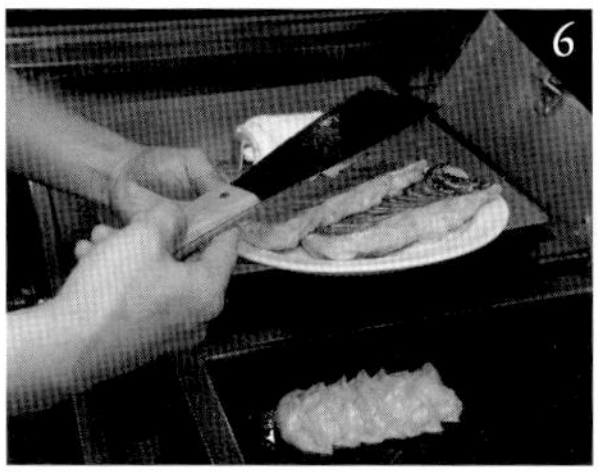

薄い皮を破らないようにヘラですくったら、底の焼き目を上にして皿に盛る。

まず鉄板をよく焼き、油を馴染ませる。油はしつこさのない落花生油だ。餃子を凍ったまま並べ、上からも油をかける。そして水を注ぐが、このときヤカンを使い、餃子にまんべんなく、多めにかける。水が多めなのは皮の柔らかさを出すためだ。蓋をして、強火で5〜6分蒸し焼きにする。水けがなくなり、皮がふっくらとしてツヤが出たら焼き上がり。皮を破かないようにすくい取り、皿に盛る。

焼き上がった餃子に付ける酢醤油は、酢がやや多めを薦めている。新鮮な野菜の自然な甘さと豚肉のコクには、酸味をきかせた方が美味しいという。

現在、工場は1ヶ月100〜120万個を製造しているが、製造力に限度があり、また新規出店は技術のレベルを落とさないよう直営店で10年経験を積んだ人に限っているので、あまり急激に出店は考えていないという。

大阪王将

鮮度と「店で手巻き」をモットーに、マイルドな味で全国にファンを広げる

◉元祖焼餃子（6個）260円

パリッと焼けた皮とマイルドな味わいで、女性にも好評な焼き餃子。餃子の専門店として開業して人気を集め、「餃子＝大阪王将」のイメージが定着したことから、メニュー名に「元祖」の冠を付けたという。小ぶりな餃子の多い関西では、比較的大きめのサイズだ。「店で手巻きすること」に重きを置き、できたての鮮度とパリッとした焼き上がりの食感を保っている。※西日本地域では6個240円

昭和44年に大阪・京橋で第一号店を開業した『大阪王将』（イートアンド㈱・文野直樹代表取締役社長）は、「美味しい日常食を・お手軽な価格で・お腹一杯食べていただく」がコンセプトの大衆中華食堂チェーン。100％自家製の「元祖焼餃子」をメインに、麺類や一品料理をリーズナブルな価格で提供。関西を中心に全国展開を図る。

地域によってメニュー構成を変えている同店だが、餃子だけはどの店舗でも同じ味を提供。

「この店の原点は、私の父が脱サラして開いた餃子専門店です。そのDNAを引き継ぎ、専門店としての味のレベルを維持するため、様々なこだわりを持って餃子づくりをしています」という、代表取締役社長・文野直樹氏。

まず、厨房で手づくりすることから生まれる〝臨場感〟を大切にする。味がブレないよう、皮とあんは工場で製造するが、餃子を一つずつ手巻きする作業は、店舗数が増えた今でも各店舗で行う。

そして、最も重視しているのは鮮度。早朝から工場であんと皮を製造し、すぐに店舗へ配送する。作ってからお客に提供するまでの時間をできるだけ短くするという「食の安心・安全」には、細心の気を配る。

さらに、専門店として「職人を育てる」ということにも力を入れている。大阪・枚方に研修センターをつくり、研修センターと店舗での各30日間にわたる研修期間の中で、餃子の手巻きと焼き、鍋振りの3つの技術を中心に、調理の基礎から養成する。

研修の最後には調理検定を実施。検定には「餃子部門」が設けられ、スピードはもちろん、見た目や重さなども合否判定の基準となっ

昭和60年から代表取締役社長に就任した、二代目の文野直樹氏。「餃子専門店の原点を忘れず、これからも変わらぬ味を提供していきたい」と話す。

高度成長期と重なった昭和44年の開業時、「安くてボリュームたっぷり」の餃子がサラリーマンたちに受けて、同店の餃子の人気は一気に広まった。

独自のたれや調味料で個性化を図る。自家製の「鉄ラー油」は店で手作りしたもの。白味噌ベースの「味噌だれ」は、2008年4月に登場（一部店舗のみ）。

ている。さらに決められた量の皮とあんで、制限時間内に150個の餃子を包むというものだ。

この研修制度によって、調理経験のない従業員が調理の基礎を身につけ、「職人」を育てる。そして、各店舗に1～2人の職人技をもった調理人を必ず置き、その場で手作りの美味しいメニューを提供できるようにする。技術者をしっかり育てて、地域地域の人々に愛される店づくりを行なっていくのが、同社のモットーである。

「『大阪王将』はワクワクしながら来てもらう店というより、日常食という動機で来てもらう店。だから、お客様を裏切ることがなく、固定客もつくのだと考えています。各店舗で半径300m圏内のお客様に来てもらおうと考え、45年以上やってきました。今後も〝大衆店の老舗〟を目指したいですね」と話す文野氏。

味づくりについて文野氏は、

最高で12人前（72個）が焼ける鉄板を充分に熱し、餃子を並べる。餃子は注文ごとに焼き上げるのがモットー。

餃子を並べたら、すぐに油をかける。そのまま少し焼いて、餃子の底をチェックし、少し焦げ目を付ける。

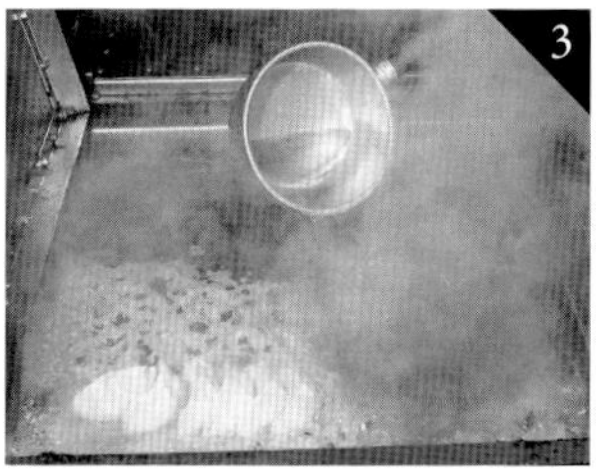

焦げ目が少し付いたところで、水を注ぐ。ジュッと音が響いて煙が上がり、店内に臨場感が生まれる。

「やはり餃子には強いこだわりがあります。例えばあんの具材は全て国産を使用し、特ににんにくは食後の臭いが約80％カットされるものを導入しています。また冬季には具に旬の白菜を使うなど、季節によってあんの具材も調整します。品質を維持しながら低価格にこだわることで原価率は高くなりますが、結果的により多くのお客様に提供できます。特別な食材を使うことはできませんが、鮮度を重視して、安心・安全なものを安く美味しく提供する店であるということです。時代の移り変わりに流されず、変わらないものを提供していきたいです」と話す。

創業以来、関西地方でチェーン展開を進めていたが、2003年に全国展開を開始。2016年3月末には海外も含めて380店舗に。毎年20店舗のペースで出店を進めており、今後はさらに関東圏を中心に店舗を広げる予定だ。

大阪王将 道頓堀本店

住所／大阪府大阪市中央区道頓堀 1-6-13
電話／ 06-6213-0400
営業時間／ 11：00 ～ 28：30（ラストオーダー 28：00）
定休日／年中無休

『大阪王将』味の特徴

地域にあった味づくりを大切にしながらも、餃子だけは全店共通とし、どの店でも基本の味を楽しめるようにしている。

皮とあんは早朝の零時頃から、群馬・大阪・岡山にある工場で製造をはじめ、朝3時には各店舗へ配送を開始。その日の分を各店舗で一つずつ手で包んでその日のうちに売り切る。包んで時間が経つとあんから水分が出てしまうので、パリッとした食感に焼き上げるためには、店で毎日包むことが必要不可欠だという。

あんの材料は豚肉、キャベツ、にんにくなど。あんの材料の中でもキャベツは、契約農家から直接買い付ける。あんにはしっかりと味付けするが、全体的にマイルドな味わいで、女性客にも好評だ。小さな餃子が多い大阪では、比較的ボリュームのある餃子である。

また同店では創業時から、特製の「鉄ラー油」を用意する。「鉄」は唐辛子を高温の油で揚げて辛みを飛ばし、香ばしくしたもの。このラー油は、各店舗で手づくりしている。あっさりとした酢醤油のたれに、この風味豊かな「鉄ラー油」がよく合う。他に、店舗によっては味噌だれも用意。白味噌をベースに酢などを加えたもので、酢醤油とは違ったまろやかな味が楽しめる。

『大阪王将』の焼き方

まず、充分に熱した鉄板に餃子を並べる。鉄板は最高で12人前（1人前6個×12＝72個）焼けるもの。すぐに油をかけてそのまましばらく焼き、少し焼き色を付けておく。焦げ目が少し付いたら水を注ぎ、蓋をして5分間蒸し焼きにする。鉄板に水気がなくなり、餃子の底にこんがりと焼き目が付いたらでき上がりだ。

酢醤油に自家製の「鉄ラー油」を垂らし、辛みをつけて食べるのが店のお勧めだ。

水を注いだらすぐに蓋を閉め、5分ほど蒸し焼きにする。途中蓋はあけず、じっくりと焼いてうま味を閉じこめる。

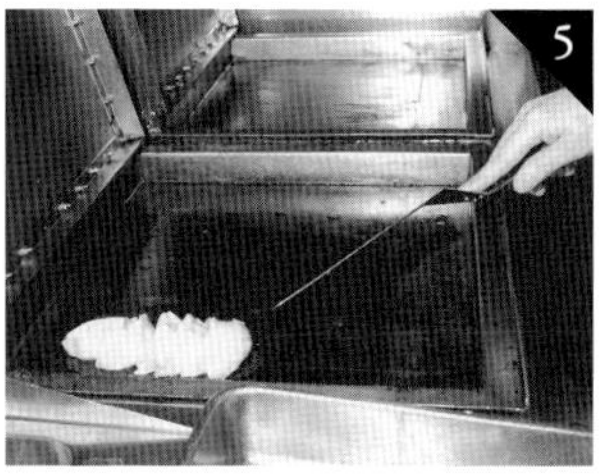

5分経ったら蓋をあけ、鉄板に水けがなくなって、餃子の底に美味しそうな焼き色が付いていたらでき上がり。

1人前につき6個をヘラですくい、器に盛りつける。焼きたてを素早く提供する。

各地で絶大な人気!
チェーン店の餃子

浪花ひとくち餃子 餃々《チャオチャオ》

ひと口サイズでヘルシーな羽根付き。
若い女性が楽しめるスタイルも評判に

◉チャオチャオ餃子（1人前2枚／16個）620円

パリッと焼き上がった羽根付きスタイルの餃子は、1個10gというひと口サイズ。女性が上品に楽しめるサイズを追求してこの大きさになった。国産豚100%に国産減農薬野菜で作るあんと、薄さ0.7㎜という極薄の皮が特徴。皮とあんの比率を2対8で包む。焼く際には独自にブレンドした「焼き水」をかけており、焼き上がった羽根の部分にも味が付いている。パリパリの食感、香ばしい香りと味、そしてあんのあっさりとした甘さが魅力だ。

あんと皮は工場で一括して製造し、各店でそれを“福包み”する。焼き上がりの皮がパリッとしたフレッシュな味わいが、同店の餃子の魅力。

餃子の世界でも競合激しい関西を基点として、今、関心を集めているのが『浪花ひとくち餃子餃々《チャオチャオ》』（経営／㈱餃子計画）だ。

同店は平成11年、大阪・梅田に1号店を開業して以来、今年で17年目を迎える。現在では、大阪・東京を中心に出店を行っている。また2016年4月には香港にも1号店を出店。今後は海外への出店も計画している。直営店9店舗、FC店舗30店舗の合計39店舗（海外1店舗を含む）を展開する（平成28年4月現在）。しかも、そのうち22店舗がオープンから10年を超えて営業しているという、息の長い商売をしていることも特長と言える。

また『餃々』だけでなく、外食チェーン店やスーパーの惣菜コーナー向けの餃子の製造・卸し、通信販売業を運営。餃子を核として様々な事業を行っている。

その一環として、秋田大潟工場では、餃子の皮を小麦粉から米粉にした、100％国産材料の「米粉の皮で包んだ餃子」も製造。餃子の皮には「秋田産の米」を使用しており、小麦粉を工場内に一切持ち込まずに製造している。これは自給率向上を目指す農林水産省が立ち上げた「フードアクションニッポン」が推奨する取り組みとして注目を浴び、全国の学校給食でも米粉の皮の採用が始まっている。

同社社長の西　研悟氏は昭和43年生まれ。父が昭和46年にサラリーマンから独立し、大阪・上新庄で中華料理店を始めたこともあり、小学校2年の頃から店の手伝いをしていたという経験の持ち主だ。サラリーマンを経て、一念発起して父が作っていた餃子の配達をし始めたのをきっかけに、『餃々』を始めたが、

「出店に際して、個人店を含めた有名店を視察に行きました。有名店は老舗ほど路地裏にあり、年配のお客様が多くて若い人が少ない。そこでこの逆を行けば餃子の世界に新しい流れを作れるのではないかと思ったのです」と西氏。

その結果、『餃々』は賑やかな表通りにあり、若い人たちで賑わう元気な雰囲気という店になった。最初の店は、土地勘のあった梅田。8坪の物件を見つけて契約したが、共有部分などもあり、実際にはわずか3.5坪。そこで壁をはがし、何とか4.7坪の店にした。

『餃々』の味の特徴

同店の餃子は、1個10gという

ひと口サイズで、女性でもひと口で楽しめるのが特徴。皿1枚に餃子8個がのるが、1人前は皿2枚が基本。1皿は「おためし」とメニュー表にある。それほど小ぶりなサイズということである。
「若い人たちが気軽に楽しめるよう、価格は低くし、餃子1本で勝負がしたかったので、回転率を上げるために提供時間の短い餃子。女性が上品に食べられるよう一口サイズ。しかも自然な甘さが感じられて、ヘルシーであっさり食べられる味の餃子。こうした条件を基にして試行錯誤の末、作り上げたのが、〝福包み〟で薄い皮の餃子です」(西氏)
皮は店では「限界仕上げ」と呼ぶほど薄い。そしてこの皮2に対してあんが8の比率になるように包むのが、『餃々』の餃子のベストバランスだ。餃子の美味しさは、素材が重要なのはもちろんだが、皮と肉と野菜のバランスが大事と

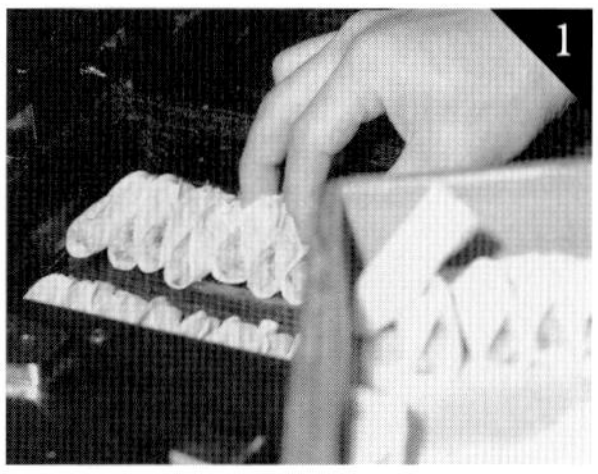

熱した餃子焼き器に薄く油をしき、餃子を並べる。隙間なくびっしりと並べるのが、『餃々』の焼き方の特徴だ。

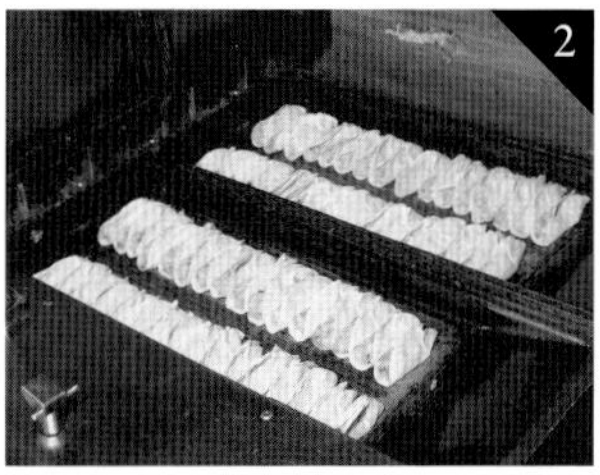

そのまま蓋をせずに、しばらく加熱する。餃子の底面に軽く焼き目を付ける。

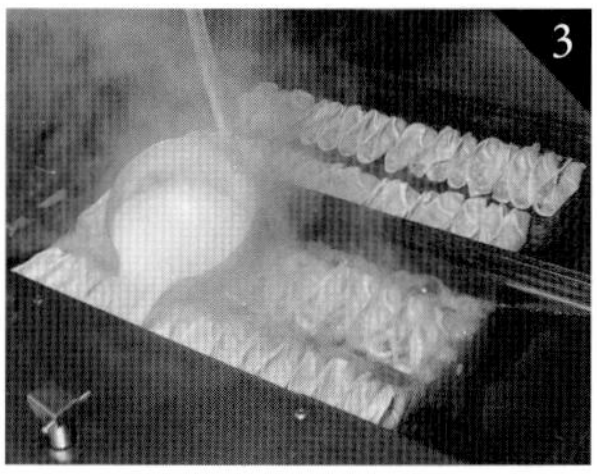

餃子が焼けてきたら、独自にブレンドした「焼き水」を注ぐ。餃子にではなく焼き器の側面にかけるように注ぐ。

考えているからだ。

あんに使う野菜類は、国産の減農薬栽培のものを使用。肉は国産豚100%。油はヘルシーな落花生油を使用。

「野菜や豚などの品質を確かなものにするために、開業間もない頃から、手間はかけても社内で独自に食材のトレーサビリティを行っていました」という西氏。

もともとは品質管理のために行っていたことだったが、不当表示問題などで餃子界に激震が走ったときに思いがけなくそれが役立ち、事件後も同店にはほとんど影響がなかったという。

皮とあんは、年間を通して品質の均一化を図るために工場で一括して作る。

包むのは各店で行う。独自の包み方である〝福包み〟が基本で、二つ折りした皮を全部閉じてしまわず、両端からあんが見えている包み方だ。この方法で「お客様の

浪花ひとくち餃子 餃々　浜松町店

住所／東京都港区浜松町 2-12-1　ガーデン浜松町 1F
電話／ 03-6435-7766

営業時間／ 11 時 30 分〜 14 時 30 分（ラストオーダー 14 時）
16 時〜 23 時 30 分（ラストオーダー 23 時）
定休日／日曜日
http://www.gyozaya.com/chao/

前で包むから、美味しさが伝わる」（西氏）という姿勢だ。

『餃々』の焼き方

120ページの写真でも分かる通り、同店の餃子は、いわゆる「羽根付き餃子」だ。羽根の部分のパリパリとした食感が心地好く、皮の香ばしさ、あんのマイルドなコクとがマッチする。

こうしたスタイルの餃子にするために、同店では〝福包み〟した餃子を、独自に開発した専用の餃子焼き器で焼く。

まず油を薄くしいた餃子焼き器に餃子を並べる。餃子焼き器は、同社の餃子の幅に合わせて仕切りが作られたものだ。しばらく熱して餃子の底に軽く焼き目を付けたら、羽根付き餃子に欠かせない同社独自の「焼き水」を注ぐ。この水は小麦粉の他、数種類の調味料などをブレンドしたもので、羽根の部分だけを食べても美味しいのが特徴だ。

4

すぐに蓋をして、蒸し焼きにする。しばらくして、羽根の部分に程よい焦げ目ができたら完成。羽根の部分ごとすくう。

5

餃子の底面を上にして、皿に盛る。1皿が8個入りで、来店2度目のお客は「まず2枚！」が基本となる。

水を加えたら蓋をして、蒸し焼きにする。

「実は、羽根付きのスタイルにしたのは理由がありました」という西氏。餃子をお客の前で焼くスタイルは同店の魅力の一つだが、ひと口サイズの小さな餃子のあんのジューシーさを損なわないよう、焼き過ぎない加減で仕上げるのは難しい。だが羽根付き餃子なら、羽根の部分の焼き具合を見極めることで、あんへの火の通り具合が分かり、ベストの状態に焼き上げることができるからだった。

焼き上げた餃子は、茶色の皿に盛り付けて提供する。この皿も、餃子が一番美味しく見える器として採用したものだ。

餃子は、比較的しっかりと味付けしているので、最初は何も付けずに食べるよう勧め、その後で好みに合わせて食べてもらう。店では辛子味噌や味噌だれも用意し、餃子の楽しみ方も拡げている。

焼き餃子／水餃子／蒸し餃子／揚げ餃子

旨い餃子の基本技術

東京・三田『御田町 桃の木』

オーナーシェフ 小林武志

餃子の基本の作り方を、人気の中国料理店シェフが紹介。皮の作り方、あんの作り方、包み方、各種調理の仕方に加え、それぞれのバリエーションも。餃子の魅力が、さらに広がる。

御田町 桃の木

住所／東京都港区三田 2-17-29 オーロラ三田 105
電話／03-5443-1309
URL／http://www.mitamachi-momonoki.com
営業時間／17 時 30 分～22 時（L.O.21 時）
定休日／水曜日、第2 火曜日、その他臨時休業あり

鍋貼餃子

焼き餃子

焼き餃子の基本技術

香ばしく焼いた皮から、しっとりとしたジューシーなあんが出てくるのが焼き餃子の魅力。ぜひ手作りの皮にも挑戦しよう。

生地を作る

まず、生地作りから。熱湯を使うことで、小麦粉のグルテンを出さずに糊化させ、もっちりとした食感が出せる。

材料（約30個分）

薄力粉…130g
強力粉…40g
塩…ひとつまみ
熱湯…100㎖

1 強力粉と薄力粉と塩をボウルで合わせ、少し湯せんにかけて粉とボウルを温める。このひと手間がとても大切。

2 湯せんからボウルをはずし、熱湯を一気に注ぐ。熱湯を注ぐ容器も温めておいたものを使い、湯の温度を下げないようにすること。

3 ヘラを使い、全体に水分がゆき渡るように混ぜる。ボウルの内側についた粉もこそげ落としながら混ぜる。

4 粉が水分を吸ってボロボロの状態になったら、手でこねる。体重をかけるように、しっかりこねる。ある程度まとまったら、生地をボウルから出して、麺台の上でこねる。生地を手前から奥に押すようにしてこねる。

5 生地がしっかりまとまれば完成。固く絞った濡れ布巾をかけるか、ビニール袋に入れて常温で30分ほど寝かせたのち、のばす。

あんを作る

豚挽き肉は粗挽きがベター。赤身と脂の比率は7体3くらいが基本。豚バラ肉の塊を5mm角に切って使うとよりおいしい。

材料（約30個分）

豚挽き肉…180g
白菜（生）…300g
キャベツ（生）… 300g
ニラ…1/3束
長ねぎのみじん切り…大さじ2
生姜のみじん切り…小さじ1
にんにくのみじん切り…小さじ1

調味料

塩…小さじ1/2
白胡椒…少々
醤油…大さじ2
老酒…小さじ2
ごま油…小さじ2
ねぎ油（ラードで作るもの）…大さじ1

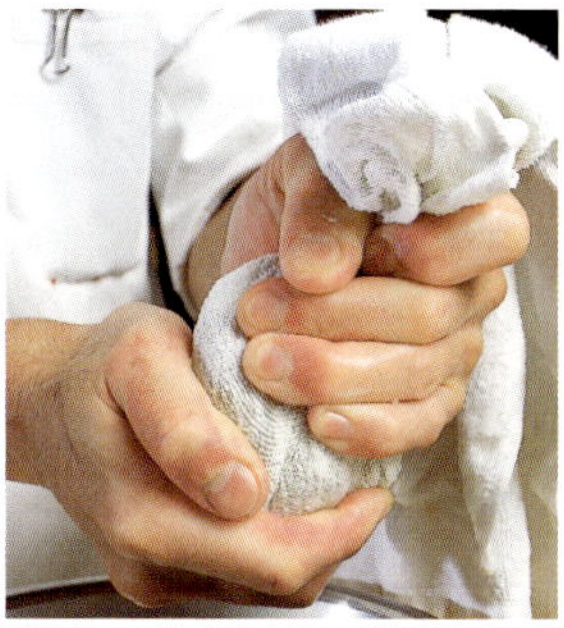

1 白菜とキャベツはザク切りにしてから、フードプロセッサーで細かくする。水気をきちんと絞る。

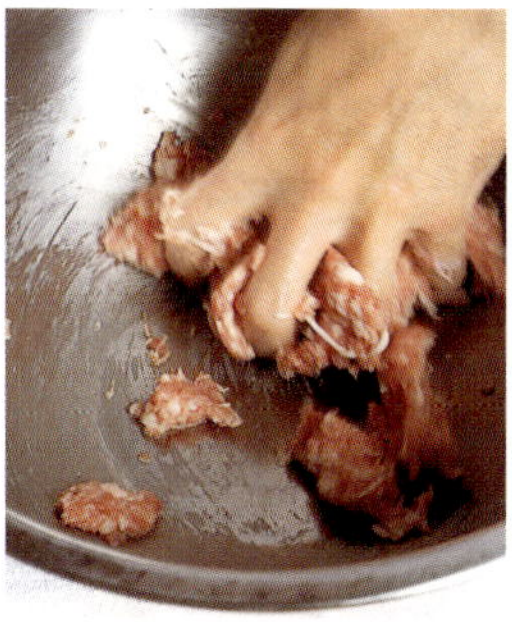

2 ボウルに豚肉を入れて練る。写真のようにボウルの肌に脂がくっつくまで練ること。この粘りで野菜をつなげる。

3 調味料を加えて混ぜ合わせる。ねぎ油はラードで作ったものが、まとまりやすい。

4 水気を絞った白菜とキャベツ、刻んだニラ、長ねぎ、生姜、にんにくを加えて合わせる。練ると野菜がつぶれて水分がでるので注意。

5 ラップをして冷蔵庫で寝かせる。寝かせることで包みやすいあんになる。

焼く

最初に湯を加えて、蒸し焼きにするのがコツ。途中で水溶き片栗粉を流しいれると、香ばしい羽根を作れる。

1 油をならした鍋に餃子を並べ、餃子の底が浸るくらい湯を入れる。フタをして湯がなくなるまで強火で焼く。

2 水分がほぼなくなったら、油を少しかけて火を弱めて香ばしく焼く。餃子の底がキツネ色になっていれば OK。

3 あんを適量のせる。直径 8cm の皮だと、15g までのあんを包める。皮の中央にあんをのせ、ヘラでならす。

4 皮を半分に折り曲げる。そのとき自分から見て奥の皮を少し長めにとっておくことが、上手に包むポイント。

5 端を親指と人差し指で押し込むように留める。そうすると皮にたるみができるので、そのたるみをつまんでひだにする。

皮を作ってあんを包む

9g の生地で 15g のあんを包む。ひだは 7 ～ 8 つ作るのが基本。皮の中央の手前までで麺棒を止めて中心部分を少し厚めに。

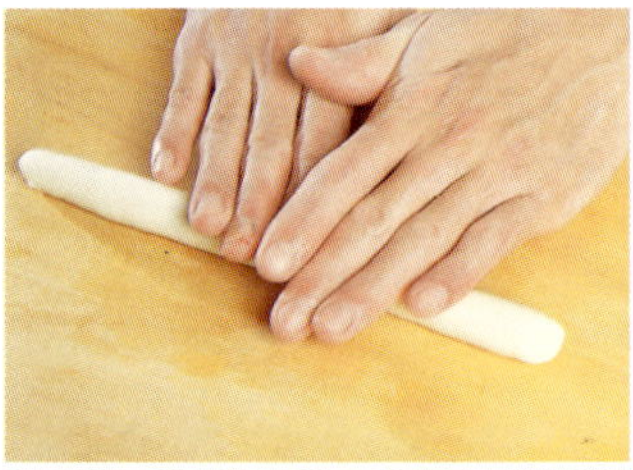

1 寝かせた生地を適当な大きさに分割する。両手で転がして直径 2 cmほどの棒状にして、1 cm幅に切る。

2 上から 1 を軽く押し、生地を回しながら麺棒で丸くのす。直径 8cmが目指す大きさ。麺棒を押す時の力でのす。

【焼き餃子のバリエーション】

牛肉餃子

牛肉と白菜の餃子

牛肉を使った餃子。ヤマクラゲのコリコリした食感がアクセントに。直径 5㎝の小さめの皮で、ひだを寄せて包み、食べやすいサイズに。

焼き餃子のバリエーション

ここで紹介するのは 8 種類のあんと包み方のバリエーション。これらは水餃子のあんにしても旨い。皮は全て基本のものを使用。

材料（約30個）

生地

鍋貼餃子（126 ページ）の生地と同じ

あん

牛挽き肉…200g
白菜（茹でて絞ったもの）…150g
山クラゲ（戻したもの）…50g
ザーサイみじん切り…大さじ 1
長ねぎのみじん切り…20g
生姜のみじん切り…5g

調味料

塩…小さじ 1/2
白胡椒…少々
醤油…小さじ 1
老酒…小さじ 1
チキンパウダー
…ひとつまみ
ねぎ油（ラードで作るもの）
…小さじ 1

▲牛肉と白菜のあん

作り方

1. 126 ページと同じように生地を作る。
2. 茹でて絞った白菜は、みじん切りにして水気をよく絞る。戻した山クラゲは汚れを取り除いて、5㎜幅のみじん切りにする。
3. ボウルに牛挽き肉を入れてよく練る。調味料と2を加えて軽く混ぜる。ラップをして 30 分ほど冷蔵庫で休ませる。
4. 生地を麺棒で直径 5㎝の円形にのばして皮を作る。中央にあんを適量のせて半分に折る。ひだを 5 つほど作るが、大きくひだをとって（1㎝幅くらい）、そのひだを寄せるようにすることで扇形にする。
5. 128 ページの焼き方を参考にして焼く。

【焼き餃子のバリエーション】

鶏粒黄瓜餃子

鶏肉とキュウリの餃子

棒状に包んだ餃子。鶏肉と相性のいい大葉と梅干しを合わせたので、ボリュームはあるが、さっぱりと食べられる。盛り付けたときに上になる面から焼く。

材料（10本分）

生地

鍋貼餃子（126ページ）の生地と同じ

あん

鶏挽き肉…200g
豚挽き肉…70g
キュウリ…2本
大葉みじん切り…10枚分
玉ねぎみじん切り…40g
長ねぎのみじん切り…20g
生姜のみじん切り…5g
梅干し…1個

調味料

塩…小さじ1/2
白胡椒…少々
醤油…小さじ1/2
老酒…小さじ1/2
チキンパウダー…ひとつまみ
ねぎ油（ラードで作るもの）…小さじ1
片栗粉…小さじ1

作り方

1. 126ページと同じように生地を作る。
2. キュウリはせん切りにして塩もみし、出てきた水分をきっておく。
3. ボウルに2種類の挽き肉を入れてよく練る。調味料とその他の材料を加えて軽く混ぜる。ラップをして30分ほど冷蔵庫で休ませる。
4. 生地を1個当たり30gに分割して、麺棒で2mm厚に大きくのばし、10cm×18cmの長方形になるように包丁で切る。
5. 皮の長い辺が横になるように置き、中央にあんを棒状に約60gのせる。皮を向こう側と手前からあんに向かって折り込む。裏返しにして巻き終わりを下にし、両端も折り込む。この時点で上面になっているのが表の面。
6. 油をならしたフライパンで表の面から焼く。焼き方は128ページの焼き方を参考にして焼く。途中でひっくり返して両面を焼く。
鶏肉とキュウリのあん▶

【焼き餃子のバリエーション】
蕃茄鶏蛋餃子
卵とトマトとバジルの餃子

炒り玉子を使って、香りとコクを出したあん。スイートバジルが爽やかな香りをプラスする。トマトやキュウリの水分は炒り玉子が吸ってくれる。

材料（約30個分）

生地
鍋貼餃子（126 ページ）と同じ

あん
卵…3 個
トマト…中サイズ 2 個
スイートバジルの葉…15 枚
鶏モモ挽き肉…100g
キュウリ…1/2 本

調味料
塩…小さじ 1/2
白胡椒…少々
チキンパウダー…ひとつまみ
ねぎ油（ラードで作るもの）
…小さじ 1
片栗粉…大さじ 1

作り方

1. 126 ページと同じように生地を作る。
2. 卵は割りほぐして炒り玉子にする。トマトは湯むきして種を取り、1㎝角に切って水気を切っておく。キュウリは細いせん切りにして、塩もみし、余分な水分を切っておく。
3. ボウルに肉を入れてよく練り、調味料とトマト以外の材料を加えて軽く混ぜる。最後にトマトを加える。ラップをして冷蔵庫で 30 分ほど休ませる。
4. 生地を麺棒で直径 7㎝の円形にのばして皮を作り、中央にあんを適量乗せて半分に折る。皮の縁を両手の親指と人差し指でしっかりと留める。この時、閉じた部分が餃子の中心にくるようにする。
5. 128 ページの焼き方を参考にして焼く。

卵とトマトとバジルのあん ▶

【焼き餃子のバリエーション】

奶餃子

ゴルゴンゾーラともち米入りの餃子

▲ゴルゴンゾーラともち米のあん

チーズのとろける食感と風味、エビのプリプリ感、もち米の歯応えとプチプチ感の一体感を楽しめるあん。もち米の蒸し具合は少し硬いかな、と感じる程度で。

材料（約30個分）

生地

鍋貼餃子（126 ページ）と同じ

あん

もち米（蒸したもの）…66g
ゴルゴンゾーラチーズ…66g
ナチュラルチーズ…30g
芝エビのむき身…180g
玉ねぎのみじん切り…15g
白菜のみじん切り（茹でて水気を切ったもの）…15g

調味料

塩…ひとつまみ
チキンパウダー…ひとつまみ
上白糖…ひとつまみ
片栗粉…小さじ 1
ねぎ油（ラードで作るもの）…大さじ 1

作り方

1. 126 ページと同じように生地を作る。
2. 芝エビのむき身は塩でもみ洗いして臭みを取り、水気を切って粗みじんにする。
3. ボウルに芝エビを入れてよく練り、調味料とその他の材料を加えて軽く混ぜる。ラップをして冷蔵庫で 30 分ほど休ませる。
4. 生地を麺棒で直径 6㎝の円形にのばして皮を作る。135 ページの包み方を参考にして、ねじった形のひだを作りながら包む。
5. 128 ページの焼き方を参考にして焼く。

【焼き餃子のバリエーション】

扁豆餃子

さやいんげんと緑もやしの餃子

▲さやいんげんと
緑もやしのあん

見た目にも緑色のあんがわかる餃子。いんげんと緑化大豆を使っているので、豆の独特の香りと味を楽しむことができる。歯ごたえも独特で、新しい魅力を味わえる。

材料（約30個分）

生地

鍋貼餃子（126ページ）と同じ

あん

豚バラ挽き肉…200g
いんげん…150g
緑化大豆…50g
片栗粉…小さじ 2

調味料

塩…小さじ 1/2
白胡椒…少々
老酒…小さじ 1
醤油…大さじ 1
チキンパウダー…ひとつまみ
ねぎ油（ラードで作るもの）
…小さじ 1
芝麻醤…小さじ 1/2

作り方

1. 126 ページと同じように生地を作る。
2. いんげんと緑化大豆は別々に熱湯で茹でて冷ます。いんげんは 5㎜幅に切って水分を切り、片栗粉をまぶしておく。
3. ボウルに肉を入れてよく練り、調味料と 2 を加えて軽く混ぜる。ラップをして冷蔵庫で 30 分ほど休ませる。
4. 生地を麺棒で直径 7㎝の円形にのばして皮を作る。中央にあんを適量のせて半分に折る。皮の縁を両手の親指と人差し指でしっかりと留める。この時、閉じた部分が餃子の中心部分にくるようにする。
5. 128 ページの焼き方を参考にして焼く。

【焼き餃子のバリエーション】

蟹肉海鮮餃子

蟹肉入り海鮮餃子

カニとエビの豪華なあんが魅力の餃子。卵白を加えることで、あんのつながりをよくする。ひだを交互に入れることによって、麦の穂のような形に包み上げる。

海鮮あん▶

材料（約20個分）

生地

鍋貼餃子（126ページ）と同じ

あん

カニのむき身…50g
芝エビのむき身…150g
卵白…大さじ2
長ねぎのみじん切り…20g
生姜のみじん切り…5g

調味料

塩…小さじ1/3
白胡椒…少々
老酒…小さじ1/3
上白糖…ひとつまみ
片栗粉…小さじ1
ねぎ油（ラードで作るもの）…小さじ2

作り方

1. 126ページと同じように生地を作る。
2. 芝エビのむき身は塩でもみ洗いして臭みを取り、水気を切って粗みじんにする。
3. ボウルに2のエビを入れてよく練り、その他の材料と調味料を加えて軽く混ぜる。ラップをして冷蔵庫で30分ほど休ませる。
4. 生地を1個15gに分割して、麺棒で直径7㎝の円形にのばして皮を作り、中央にあんを適量のせて半分に折る。片方の端からひだを3つ作って、これを重ね合わせる。残った生地で左右交互にひだを作り、麦の穂のようなひだを作る。
5. 128ページの焼き方を参考にして焼く。

【焼き餃子のバリエーション】

鹿尾餃子

豚肉とひじきの餃子

ひじきをたっぷりと使ったヘルシーなあん。丸く包み両面を焼いているので、その姿はまるで“お焼き”のよう。もちろん、普通の形に包んでもよい。

材料（約20個分）

生地

鍋貼餃子（126ページ）と同じ

あん

ひじき（戻したもの）…100g
豚粗挽き肉…150g
白菜（茹でて水気を絞ったもの）…50g
長ねぎのみじん切り…20g
生姜のみじん切り…5g
金針菜（戻したもの）…20本

調味料

塩…小さじ1/3
白胡椒…少々
老酒…小さじ1/2
醤油…小さじ1/2
チキンパウダー…ひとつまみ
片栗粉…小さじ2
ごま油…小さじ1/4

作り方

1. 126ページと同じように生地を作る。
2. 水で戻したひじきを塩味のスープで5分煮て取り出し、冷ましておく。白菜と金針菜は5mm角に切る。
3. ボウルに肉を入れてよく練り、調味料と2を加えて軽く混ぜる。最後にトマトを加える。ラップをして冷蔵庫で30分ほど休ませる。
4. 約18gに切り分けた生地を麺棒で直径8cmの円形にのばして皮を作る。中央にあんを適量乗せて、ひだを中央に集めて饅頭の要領で包む。ひだが集まってできた上部の生地は切り取る。包み口を下にして軽く手で押して形を整える。
5. 128ページの焼き方を参考にしながら、両面を焼く。

豚肉とひじきのあん

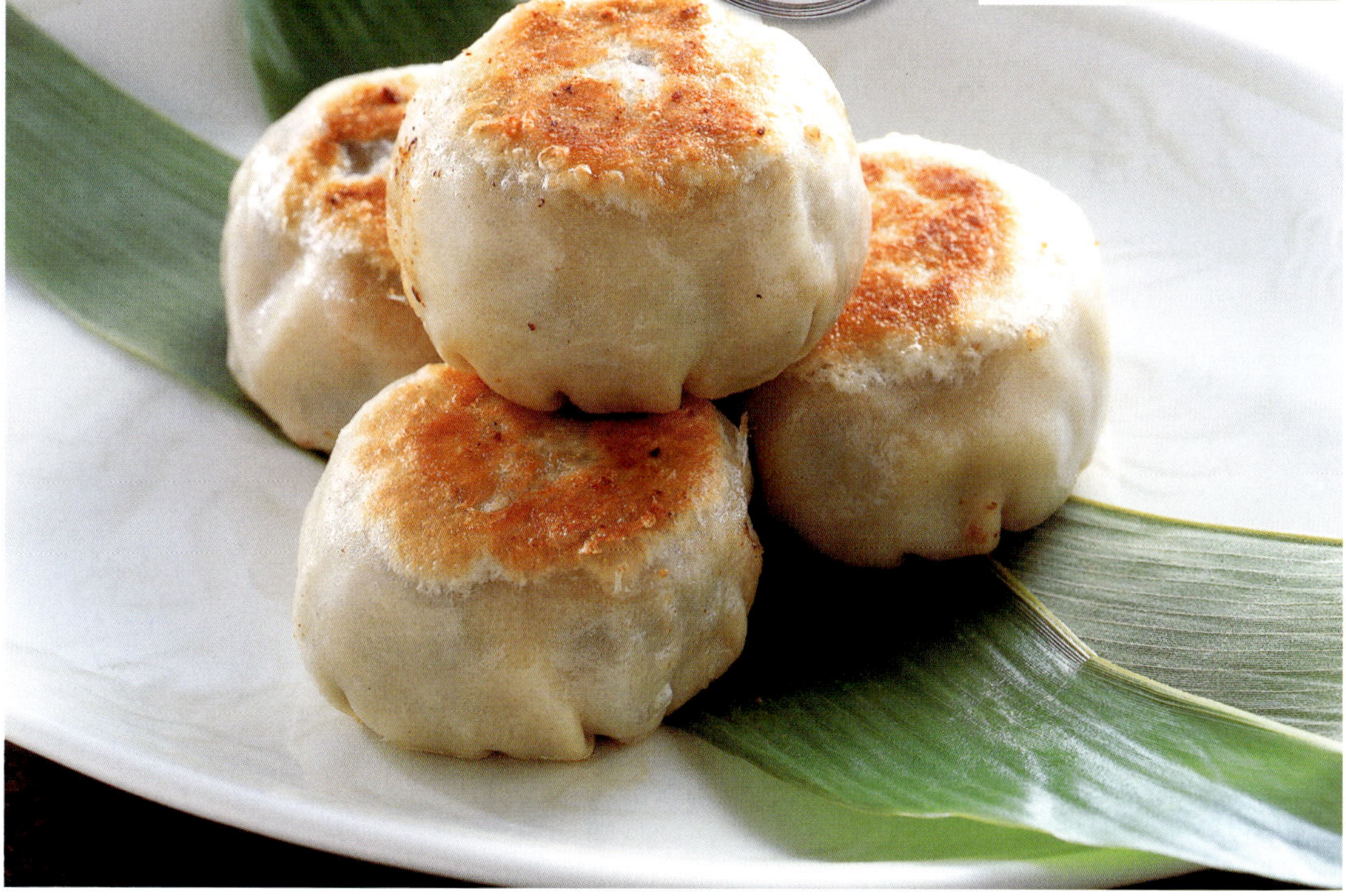

【焼き餃子のバリエーション】

椰菜花花蕾餃子

カリフラワーの白い餃子

カリフラワーを主材料にしているので、あんの色が白色なのがおもしろい。あんが少しパサパサして包みづらいので、ひだを取らずに水餃子のように包む。

材料（約30個分）

生地

鍋貼餃子（126ページ）と同じ

あん

カリフラワー…大1個
芝エビのむき身…100g
卵白…大さじ1
長ねぎのみじん切り…10g
片栗粉…大さじ1

調味料

塩…小さじ1/3
日本酒…少々
チキンパウダー…ひとつまみ
上白糖…ひとつまみ
片栗粉…大さじ1
ねぎ油（ラードで作るもの）…小さじ1

作り方

1. 126ページと同じように生地を作る。
2. カリフラワーの花の部分（房のところ）をひと口大に切って蒸す。冷ましてから粗みじんに切って、片栗粉をまぶす。芝エビのむき身は塩でもみ洗いして臭みを取り、水気を切って粗みじんにする。
3. ボウルに芝エビを入れてよく練り、2のカリフラワーとその他の材料と調味料を加えて軽く混ぜる。ラップをして冷蔵庫で30分ほど休ませる。
4. 生地を麺棒で直径6cmの円形にのばして皮を作り、中央にあんを適量乗せて半分に折る。139ページを参考にしながら、両手で生地の端をぎゅっと押さえて包む。
5. 128ページの焼き方を参考にして焼く。

カリフラワーのあん

水餃子の基本技術

基本の皮のレシピは、おいしさともっちり感を重視。ツルツル感を出すなら、141ページ「姜葱撈水餃」の皮がおすすめ。

水餃子
水餃子

1 ボウルに強力粉と塩を入れて、8割ほどの水を加えて麺棒で混ぜる。途中で様子を見ながら残りの水を加える。

生地を作る

強力粉を水で練るのでグルテンが出て、一気には練り上げられない。生地がまとまったら、いったん休ませて再びこねよう。

材料（約30個分）

強力粉…200g
塩…ひとつまみ
水…110㎖

2 全体に水が行き渡ったら、手でこねる。徐々に生地がまとまってきたら、体重をかけてこねる。

3 麺台に移して、全身の力を込めてこねる。手前から奥へ生地を押し出すときに、体重をかけてこねていく。

4 生地がまとまったら濡れ布巾などをかけて常温で10分ほどおく。再度こね、約30分寝かせれば生地の完成。

あんを作る

水餃子は肉のあんが合う。スープを加えることで、肉汁を作り出すだけでなく、肉をやわらかくする効果も。

材料（約30個分）

豚バラ挽き肉…300g
煎りごま…小さじ1
長ねぎのみじん切り…大さじ3
生姜のみじん切り…小さじ1

調味料

塩…小さじ1/2
老酒…小さじ1
醤油…小さじ1
白胡椒…少々
チキンパウダー…ひとつまみ
スープ…50mℓ
ごま油…小さじ1/2

1 焼き餃子のあんと同様に、まず最初に肉だけを練る。よく粘りが出たら、調味料を加える。

2 調味料が行き渡るように、全体をよく混ぜ合わせる。指先を開いて混ぜると混ざりやすい。

3 ごま、長ねぎ、生姜を加え混ぜて、冷蔵庫で寝かせる。ごまで香りと食感がアップ。揚げたナッツでもよい。

4 完成したあんはラップをし、冷蔵庫に入れて寝かせる。寝かせると包みやすくなる。

茹でる

差し水が一番大事。これにより茹でても皮がドロドロにならず、皮が水分を吸って独特の食感を出すことができる。

1 沸騰した湯に餃子を一つずつ入れる。沸騰した湯でないと、餃子が鍋の底にくっついてしまう。

2 餃子同士がくっつかないように、玉杓子でかき混ぜる。餃子をつぶさないように注意すること。

3 餃子が浮かんできたら、差し水をする。差し水は２回。差し水の１回の分量は、茹で湯の５％が目安となる。

4 ２回目の差し水をして、餃子が浮かんで来たら出来上がり。中国では茹で湯を調味してスープとして飲む。

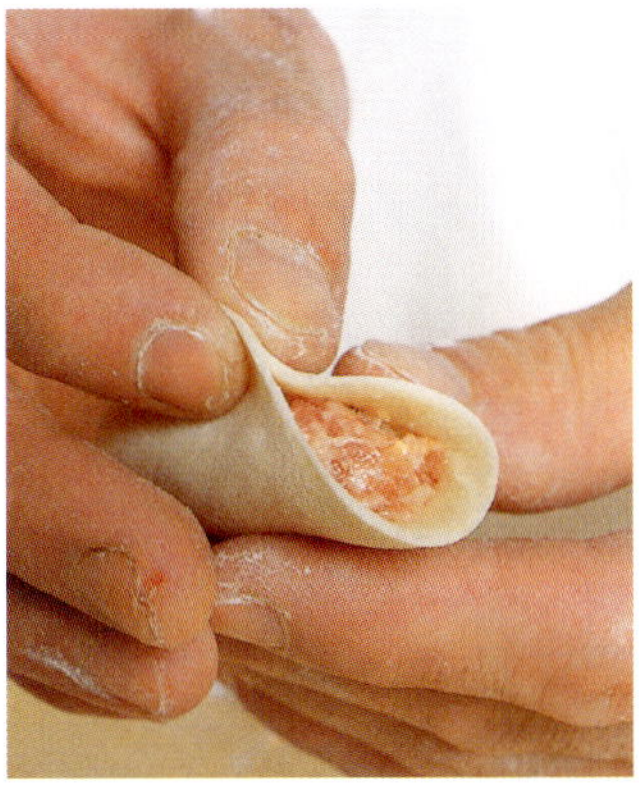

3 皮の中央にあんを適量のせて、表面をならす。皮を半分に折って、中央部分の皮を閉じる。

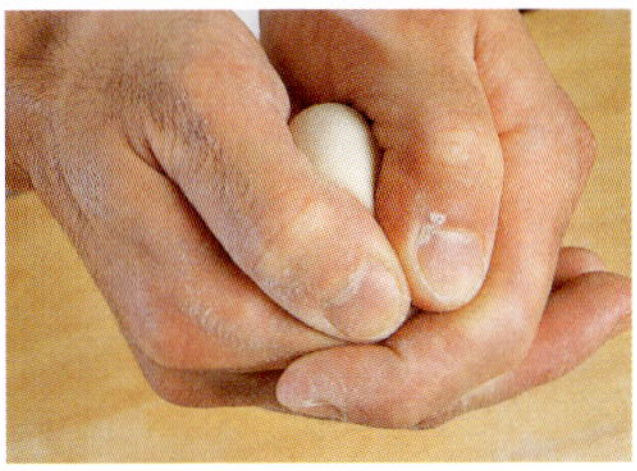

4 端から生地をぴったり留めていく。親指と人差し指で両側から内側に向けて、押さえ込むようにして包む。

5 包み終わった水餃子。あんの部分がぷっくりと出ていればよい。口をきちんと留めることが大切だ。

皮を作ってあんを包む

基本的な皮の作り方は「鍋貼餃子」と同じ。ただし少し小さめにのばしてあんを包む時に調整。

1 生地を適当な大きさに分割して棒状にのばしたら、１個８ｇくらいに分割する。分割した生地は上から押す。

2 麺棒で直径５㎝くらいの円形にのばす。中心部分には麺棒を当てずに、中心は少し厚みがあるようにのばす。

作り方

1. 137～139ページを参考にして水餃子を作る。
2. 生ガキは水で洗って水気をふき取り、片栗粉（分量外）を薄くまぶしておく。しめじは適当に房に切り分け、赤ピーマンと黄ピーマンと人参は一口大に切る。アスパラガスは掃除をして6cmに長さに切る。にんにくの芽とわけぎは3cmの長さに切る。
3. 139ページを参考にして水餃子を茹でる。その湯で2の赤・黄ピーマン、アスパラガス、しめじをさっと茹でる。
4. 2のカキは高温の油で手早く揚げる。
5. 鍋にサラダ油大さじ1（分量外）をなじませて、鷹の爪を炒める。続いて、にんにく、生姜、調味料Aの豆豉を炒めて、香りが出たら残りのAを一気に入れる。材料を全て鍋に戻し、味が全体になじんだら、調味料Bを加えて仕上げる。

▲豚肉あん

水餃子のバリエーション

水餃子を炒めものの具として使ったり、スープ仕立てにしたり…とあんだけでなく、調理法を工夫した4種類の料理を紹介。

【水餃子のバリエーション】

炒水餃 旬の食材と水餃子の炒めもの

中国では、まかないとして、水餃子の炒め物はよく登場するそう。水餃子の新しい魅力が発見できる一品だ。皮がしっかりしているので、炒めても水餃子は崩れない。

材料(4人前)

生地
水餃子(137ページと同じ)…全量

あん
水餃子(137ページと同じ)…全量

炒め材料
生ガキ…8粒
しめじ…1パック
わけぎ…3本
にんにくの芽…2本
赤ピーマン…1/3個
黄ピーマン…1/4個
人参…20g
グリーンアスパラガス…1束
にんにくのみじん切り…大さじ1/2
鷹の爪…2本
生姜の薄切り…5g

調味料A
豆豉…大さじ1
老酒…大さじ1
スープ…200mℓ
上白糖…小さじ1/2
醤油…大さじ2
カキ油…大さじ1
中国たまり醤油…小さじ1

調味料B
水溶き片栗粉…少々
ごま油…小さじ1/3

作り方

1. 137ページと同じように生地を作る。
2. 芝エビのむき身は塩でもみ洗いをして臭みを取り、水気を切って粗みじんにする。豚背脂も粗みじん切りにする。
3. ボウルに肉を入れてよく練り、調味料と1、その他の材料を加えて軽く混ぜる。ラップをして冷蔵庫で30分ほど休ませる。
4. 生地を8gに切り分け、麺棒で直径5cmの円形にのばして皮を作る。139ページを参考にして、あんを包む。
5. 139ページの茹で方を参考にして茹でる。器に盛り、仕上げ用のあしらいをのせ、熱した油を大さじ1（分量外）をかける。材料を合わせたたれをかけて仕上げる。

▲豚肉と芝エビあん

【水餃子のバリエーション】

姜葱撈水餃

ねぎ・生姜風味のあえ餃子

ツルツルした食感の皮にしたいので、粉は薄力粉と強力粉の2種類、塩も少し多めに使う。たれのほかに熱した油もかけているので、喉ごしよく食べることができる。

材料（約30個分）

生地
薄力粉…100g
強力粉…100g
塩…5g
水…115mℓ

あん
豚粗挽き肉…220g
芝エビのむき身…150g
豚背脂…50g
長ねぎのみじん切り…大さじ1
生姜のみじん切り…小さじ1

調味料
塩…小さじ1と1/3
老酒…大さじ2
醤油…小さじ1と1/2
白胡椒…少々
スープ…大さじ3
ねぎ油（ラードで作るもの）…大さじ1
ごま油…小さじ1

仕上げ
青ねぎ（笹打ち）…適量
生姜（笹打ち）…適量
赤生唐辛子（笹打ち）…適量

たれ
スープ…320mℓ
醤油…40mℓ
中国たまり醤油…20mℓ
シーズニングソース…大さじ4
上白糖…小さじ1
白胡椒…少々
ごま油…小さじ1/2

作り方

1. 生地を作る。薄力粉を熱湯でしっかりと練る。強力粉は卵で練り、ひとかたまりになったら、薄力粉と合わせてさらによく練る。ラップに包んで、半日寝かせる。
2. 糸寒天は戻してスープ400㎖と共に30分蒸して、冷し固める。ゼラチンはスープ200㎖と共に15分蒸して、冷し固める。
3. フカヒレ、カニ、貝柱はほぐして、その他の材料はみじん切りにする。
4. ボウルに全ての材料を合わせ、よく混ぜる。混ざったら冷蔵庫で冷し固める。
5. 1の生地を18～20gに切り分け、麺棒で直径11㎝の円形にのばして皮を作り、中央にあんをできるだけのせて半分に折る。ひだを細かく寄せて包む。
6. 碗に5を入れて、8～10分蒸す。
7. 蒸し上がった碗に調味したスープを注ぎ、中国ハムをのせて、さらに2分蒸す。

▲フカヒレあん

【水餃子のバリエーション】

魚翅灌湯餃

フカヒレ入りスープ餃子

広東点心の王道。フカヒレや中国ハム、干し貝柱などの豪華な材料を使ったあんを卵入りの生地で包み、上質なスープで蒸し上げた。一口食べれば至福の時。

材料（餃子は25個分）

生地
強力粉…300g
卵…3個
薄力粉…30g
熱湯…大さじ1

あん
フカヒレ（戻したもの）…45g
中国ハム…20g
芝エビのむき身…70g
干し椎茸（戻したもの）…20g
カニ肉…40g
鶏モモ肉…30g
焼き豚…20g
干し貝柱（戻したもの）…2個
中国パセリ…少々
糸寒天…6g
ゼラチン…6g
スープ…600㎖

スープ（1～2人前）
スープ…600㎖
老酒…小さじ2
塩…小さじ1/3
中国ハムの細切り…少々

作り方

1. 137 ～ 139 ページを参考にして水餃子を作る。
2. 139 ページを参考にして水餃子を茹でて、器に盛る。さっとスープで茹でたわけぎを添え、合わせたたれと、カシューナッツ（分量外）をかける。

▲豚肉あん

【水餃子のバリエーション】

紅油水餃子

水餃子のにんにく風味ごま辛味ソース

四川料理独特の辛味のきいたクセになるたれが特徴。甜醤油やラー油、芝麻醤のコクと辛味のあるたれが、シンプルな水餃子とよく合う。

材料（約30個分）

生地
水餃子（137ページ）と同じ

あん
水餃子（138ページ）と同じ

たれ
- 甜醤油（※）…大さじ 1 と 1/2
- 醤油…大さじ 2
- 酢…小さじ 1
- 芝麻醤…大さじ 1
- ラー油…小さじ 2
- ごま油…小さじ 1
- にんにくのみじん切り…小さじ 1

飾り
- わけぎ…適量

※甜醤油の作り方
砂糖 600g、醤油 500mℓ、日本酒 250mℓ、陳皮 15g、八角 2 個、桂皮 5g、長ねぎ 10cm長さ 4 本、生姜 20g を火にかけて半量になるまで煮詰めたもの。

蒸し餃子の基本技術

広東点心の代表格。浮き粉で作った透明な皮に、プリプリのエビあんを包んだ蒸し餃子。ピンクのあんが透けて美しい。

淡水鮮蝦餃

エビ蒸し餃子

生地を作る

生地がある程度まとまったら、片栗粉を加えるのがプロの技。糊化しないデンプン質が残ることで、皮のプリプリ感が出る。

材料（約30個分）

浮き粉…100g
片栗粉…小さじ1と1/2
熱湯…150mℓ
ラード…小さじ1/2

1 浮き粉と片栗粉を入れたボウルを湯せんにかけて温め、熱湯を一気に注ぐ。熱湯を入れる容器も温めておく。

2 麺棒で混ぜ合わせ、粉全体に水分を行き渡らせる。手でこねて、片栗粉（分量外）を加えてまとめる。

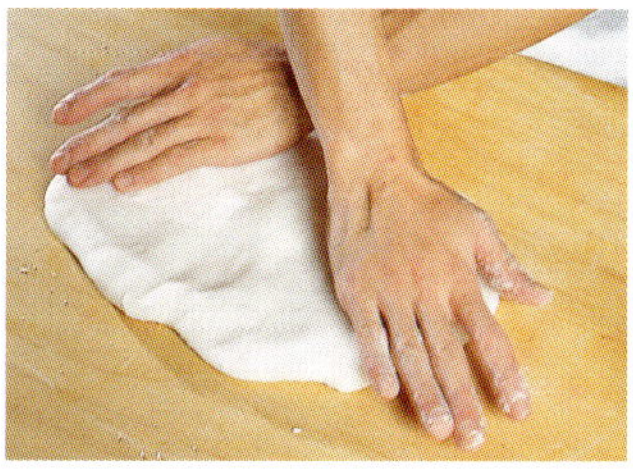

3 麺台に移して再びこね、片栗粉と生地をしっかりと混ぜ合わせる。混ざったら、生地を広げる。

4 生地を広げた上に、ラードを広げる。ラードを最初から加えると、熱湯を使うので温度が熱くなってしまう。

5 ラードを練り込むように生地をこねる。手首を使って、押し込めるようにしながら、しっかりと練り込む。

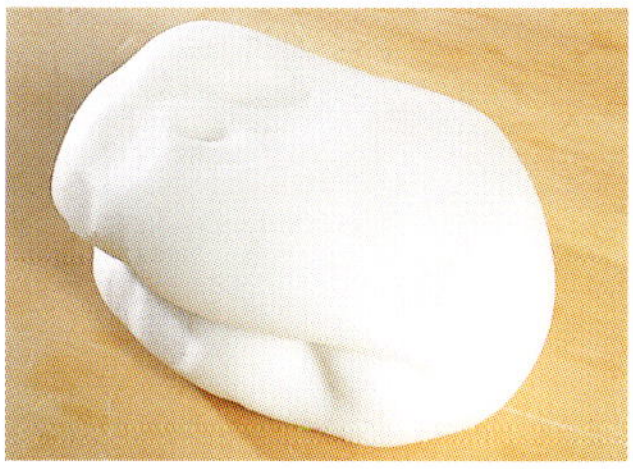

6 ラードが練り込まれた生地。表面は非常になめらかだ。この生地は特に寝かせる必要はない。

あんを作る

エビあんはどんな餃子でも美味しく、応用範囲が広い。エビは食感がなくなってしまうので、あまり潰しすぎないようにする。

材料（30個分）

むきエビ…300g
豚背脂…40g
筍…50g

調味料

塩…5g
白胡椒…少々
上白糖…6g
芝麻醤…小さじ 1/2
醤油…小さじ 1/3
片栗粉…4g
陳皮…少々

1 まず、エビの準備。エビは洗って水分をよく切ってから、包丁で叩き潰すようにして粘りを出す。

2 筍と背脂を同じくらいの大きさの粗みじん切りにする。筍は食感を出し、背脂は香りをプラス。

3 調味料を加えてよく練る。芝麻醤を加えるとコクが増す。陳皮はなければ入れなくてもよい。

4 完成したエビあん。ラップをして冷蔵庫に入れて寝かせ、冷やし固める。こうすると包みやすくなる。

皮を作ってあんを包む

点心包丁の代わりに、お好み焼きのヘラでも代用可能。皮は点心包丁で半円を描くようにのばし、できるだけ薄くすること。

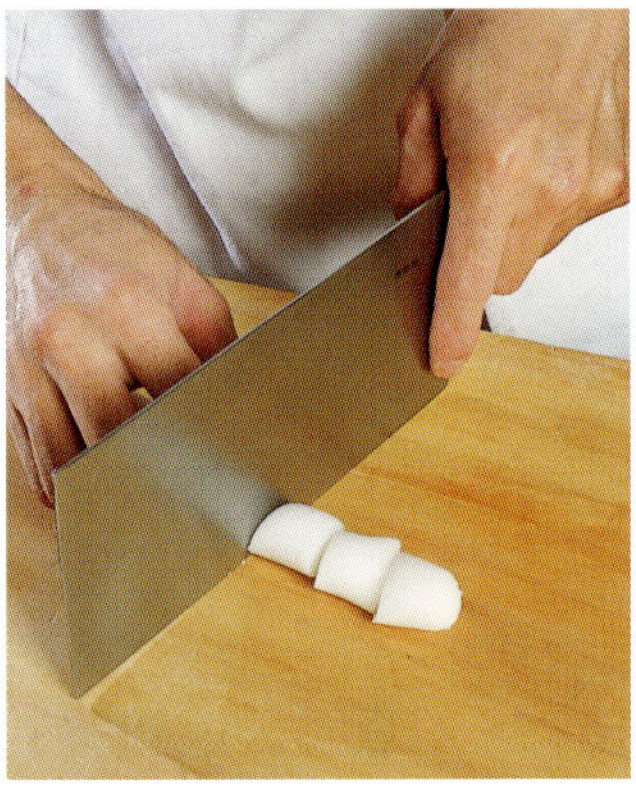

1 生地を適当な大きさに分割して、両手で棒状にのばす。1個7～10gに切り分ける。

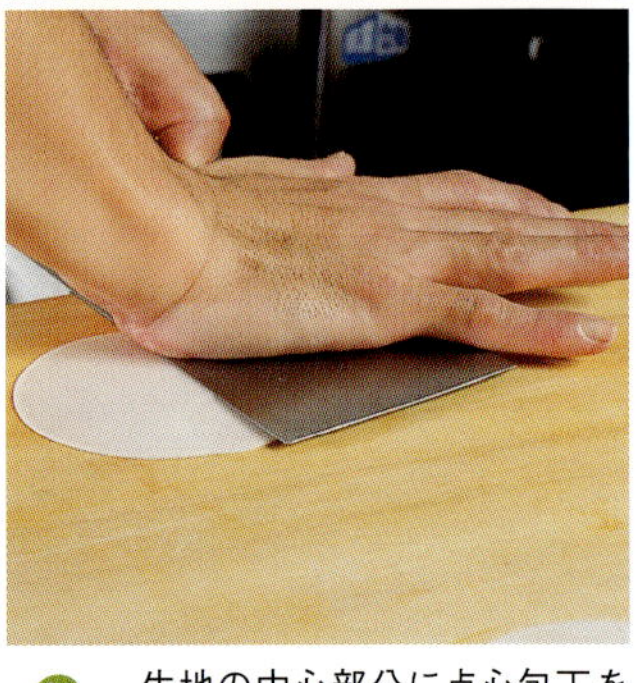

2 生地の中心部分に点心包丁を置き、中心から奥へ包丁を動かす。同じように中心部分から手前に動かす。

3 皮の直径は約6㎝。ピーナッツ油（分量外）を塗った点心包丁を生地と麺台の間に入れ、裏返しにする。

4 皮にあん（約15g）をのせる。皮の端の方に寄せてあんを置いた方が、姿よく包むことができる。

5 皮を半分に折って、あんを寄せた方の皮をつまんで口を閉じる。端から細かくひだを寄せる。

6 包み終えたら、両サイドの生地を少し内側に向けるようにして、形をととのえる。

7 包み終えた餃子。小さくて、ぷっくらした形が定番の姿。完成した時の横の長さは約4㎝になっている。

蒸す

セイロにクッキングペーパーや水気の少ない野菜を敷いたり、中敷きに油をぬる。こうすると、餃子がセイロにくっつかない。

円形に切った人参を並べて、その上に餃子を並べる。湯気の立っている蒸し器で、強火で7～10分かけて蒸す。

作り方

1. 生地の作り方は 144 ページと同じ。ラードを加えて練ったら、青梗菜のみじん切りを加えて軽く練り、ラップをしておいておく。
2. 145 ページのエビあんを用意し、粗みじん切りにしたホタテ貝とトビ子を加えて軽く混ぜる。ラップをして冷蔵庫で 30 分ほど休ませる。
3. 146 ページの皮の作り方と包み方と同じ要領で、青梗菜入り皮であんを包む。
4. 146 ページの蒸し方と同様に蒸す。

▲エビとホタテととび子のあん

蒸し餃子のバリエーション

浮き粉を使った皮に野菜を練り込むことで、バリエーションが広がる蒸し餃子。点心はもちろん、デザートにもなる蒸し餃子も紹介する。

【蒸し餃子のバリエーション】

双色蝦餃

緑とオレンジの二色餃子

皮の青梗菜の緑色と、あんのエビのピンク色で二色。青梗菜のみじん切りは、傷つけないように一番最後に生地に練り込む。トビ子のプチプチ感が楽しい。

材料（約30個分）

生地
淡水鮮蝦餃（144 ページ）と同じ…全量
青梗菜の葉のみじん切り…大さじ 1

あん
淡水鮮蝦餃（145 ページ）と同じ…全量
ホタテ貝…2 個
トビ子…大さじ 2

作り方

1. 基本的な作り方は144ページと同じ。粉類と熱湯が混ざった頃に、ほうれん草と水をミキサーにかけてさらしで絞ったものを加えて練る。さらにラードを加えて練り、ラップに包んでおく。
2. ボウルにあんの材料を全て入れてよく練り、調味料を加えて軽く混ぜる。ラップをして冷蔵庫で30分ほど休ませる。
3. 10gに切り分けた生地を麺棒で直径8㎝の円形にのばして皮を作り、中央にあんを適量のせて半分に折る。146ページの要領でひだを作って包む。
4. 包み終わりを下にして5分蒸す。蒸し方は146ページの蒸し方と同じ。

▲豚肉と豆腐と雪菜のあん

【蒸し餃子のバリエーション】

雪菜豆腐餃

雪菜と豆腐の蒸し餃子

ほうれん草を練り込んだ、きれいな緑色の皮を使った。雪菜の塩味がきいているあん。雪菜がなければ高菜で。あんに豆腐を使うことで、しっとりとした食感になる。

材料（約30個分）

生地
浮き粉…100g
片栗粉…小さじ1と1/2
熱湯…120㎖
ほうれん草の葉…50g
水…30㎖
ラード…小さじ1/2

あん
豚粗挽き肉…200g
雪菜のみじん切り…40g
長ねぎのみじん切り…20g
生姜のみじん切り…5g
ニラのみじん切り…50g
木綿豆腐（水切りする）…50g

調味料
塩…小さじ1/2
白胡椒…少々
老酒…小さじ1
醤油…小さじ1/3
チキンパウダー…ひとつまみ
ねぎ油（ラードで作るもの）…小さじ1/2

【蒸し餃子のバリエーション】

海胆蝦餃

ウニ風味の蒸しエビ餃子

ウニの姿が浮かび上がった蒸し餃子。ウニの風味が広がる。あんを包む時、できるだけ細かくひだを寄せて余分な生地を切り取ることで、きれいな形にできる。

材料（約20個分）

生地

淡水鮮蝦餃（144 ページ）と同じ

あん

芝エビのむき身…200g
豚背脂のみじん切り…40g
筍…50g
ウニ…適量

調味料

塩…4g
白胡椒…少々
上白糖…4g
芝麻醤…小さじ 1/2
醤油…小さじ 1/3
片栗粉…4g

作り方

1. 144 ページと同じように生地を作る。
2. 芝エビのむき身は塩でもみ洗いをして臭みを取り、水気を切って粗みじんにする。ボウルに材料を入れてよく練り、調味料を加えて軽く混ぜ合わせる。ラップをして冷蔵庫で 30 分ほど休ませる。
3. 12g に切り分けた生地を麺棒で直径 10cmの円形にのばして皮を作り、中央にウニをのせる。その上にあんをのせ、丸く包む。
4. 包み終わりを下にして 5 分蒸す。蒸し方は 146 ページの蒸し方と同じ。

▲エビとウニのあん

【蒸し餃子のバリエーション】

椰子南瓜餃

ココナッツミルク入りかぼちゃの蒸し餃子

甘いかぼちゃあんを包んだ、温かいデザート餃子。透明な皮から透けて見える、かぼちゃの黄色がきれい。ココナッツソースと合わせることで、食べやすくなる。

材料（約30個分）

生地
淡水鮮蝦餃（144ページ）と同じ

あん
カスタードあん…100g
かぼちゃ（蒸したもの）…100g
上白糖…37g
蜂蜜…12g
桂花醤…大さじ１

ソース
ココナッツミルク…500㎖
生クリーム…50㎖
水…275㎖
上白糖…125g

作り方

1. 144ページと同じように生地を作る。
2. ボウルにあんの材料を全部合わせてよく練り、ラップをして冷蔵庫で１時間以上休ませる。
3. ソースの材料を合わせておく。
4. 7gに切り分けた生地を麺棒で直径6㎝の円形にのばして皮を作り、中央にあんを適量のせて半分に折る。146ページの要領でひだを作って包む。
5. セイロに入れて３分蒸し、3のソースを流した器に盛り代える。さらに２分蒸す。

▲かぼちゃあん

揚げ餃子の基本技術

揚げたての餃子をスープに浸して食べる餃子。油っぽさが中和され、おこげを食べているような食感と香りを楽しめる。

煎粉菓連湯

揚げ餃子のスープ添え

生地を作る

片栗粉を使っているので、練りづらいが、とにかく練ることが大切。アンモニアパウダー（膨張剤）と砂糖もしっかり練り込む。

材料（約25個分）

浮き粉…100g
片栗粉…50g
寒梅粉…5g
上白糖…10g
アンモニアパウダー…1g
ラード…10g
熱湯…210mℓ

1 3種類の粉をボウルに合わせ、湯せんにかけておく。熱湯を一気に入れて、麺棒で混ぜ合わせる。

2 水分が粉全体に行き渡ったら、手で混ぜる。粗熱が取れてきたら、片栗粉（分量外）を加えてしっかりまとめる。

3 生地を麺台に移して練る。生地がまとまったら、広げてラードをその上にのせ、練り込む。

4 ラードを生地に練り込んでいく。10g入るので、最初から生地とラードは馴染まないが、根気よく練る。

5 4の生地を少量別に取り出して、それと砂糖、アンモニアパウダーを混ぜる。こうすると生地と馴染みやすい。

6 砂糖とアンモニアパウダーを混ぜていく。練り込むようにすると、生地はポロポロになっていく。

7 6が混ざったら、残っている生地と合わせていく。生地を広げるようにしながら混ぜる。混ざればよい。

あんを作る

エビあんを活用する。クワイを加えることで食感を、香菜を加えることで風味をアップさせる。歯応えが魅力のあん。

材料（約25個分）

エビあん（145ページの淡水鮮蝦餃のあん参照）…365g
クワイのみじん切り…10g
香菜のみじん切り…少々

1 145ページを参考にして、エビあんを作る。そこにクワイと香菜のみじん切りを加える。

2 完成したあん。エビのプリプリ感はもちろん、クワイのシャキシャキ感と香菜の香りが楽しめる。

揚げる

170℃の油でじっくりと揚げていく。最初の温度は高すぎないように。揚げるには「鍋貼餃子」の皮も向いている。

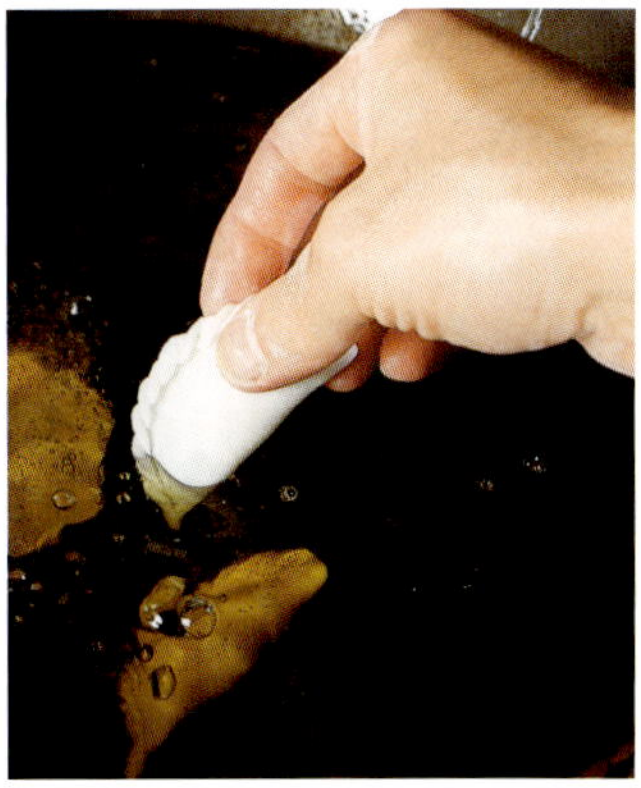

1 油の温度を170℃にする。餃子を一つずつ、そっと油に入れる。餃子がくっつかないように注意する。

2 餃子を崩さないよう、玉杓子の背で油を混ぜることで、均一に火を通す。キツネ色になったら引き上げる。

3 皮の中心部にあんを適量のせる。半分に折って口を閉じる。端から少しずつねじるように折り込んでいく。

4 包み終わった餃子。かわいらしい形が印象的だ。きちんと口を閉じないと、揚げた時にあんが出てくる。

皮を作ってあんを包む

生地の端を折り込むようにしてひだを作る。見た目のよさだけでなく、揚げたときにあんが出てこない効果もある。

1 生地を適当な大きさに分割して、両手で棒状にのばす。1個10g前後に切り分ける。

2 麺棒で直径約7㎝にのばす。生地に片栗粉が入っているので、少し力が必要だ。打ち粉は片栗粉。

どんな餃子にも合う万能だれ

辛味のきいたパンチのあるたれ。
材料を混ぜ合わせて作る。

材料

にんにくのみじん切り…小さじ1/2
豆板醤…小さじ1/2
田舎味噌…大さじ5
スープ…100㎖
カキ油…大さじ1/2
濃口醤油…大さじ2
中国たまり醤油…大さじ1
チキンパウダー…少々
青ねぎのみじん切り…少々
サラダ油…大さじ1
ごま油…小さじ1
ラー油…大さじ1
豆豉のみじん切り…小さじ1/2
揚げたカシューナッツ…20g
まっ黒になるまで炒めたねぎのみじん切り…大さじ1
黒酢…小さじ1/2
炒めた豚挽き肉…大さじ1
山椒の粉…少々

作り方

1. 126ページと同じ要領で生地を作る。
2. 145ページのエビあんを作り、仕上げに黄ニラを加えて軽く混ぜ、ラップをして冷蔵庫で30分ほど休ませる。
3. 10gに切り分けた生地を麺棒で直径6㎝の円形にのばして皮を作り、中央にあんを適量のせて半分に折る。128ページの要領でひだを作って、左右から中心に向かってひだを寄せるようにする。
4. 170℃の油（分量外）で、キツネ色になるまで揚げる。
5. 皿に盛り付け、材料を混ぜ合わせたマヨネーズソースを適量添える。

▲黄ニラ入りエビあん

揚げ餃子のバリエーション

サクサクに揚がった餃子は、お酒のおつまみにもぴったり。たれを添えたり、あんかけにするとまた違った食感が味わえる。

【揚げ餃子のバリエーション】

沙律蝦角

揚げエビ餃子のマヨネーズソース

餃子を包む時にひだを左右から中央に寄せるようにすることで、パリパリの皮を作る。ソースにほんの少量のジンを加えることで、味がしまって香りも出る。

材料（30個分）

生地
鍋貼餃子（126ページ）と同じ

あん
淡水鮮蝦餃のエビあん（145ページ）…全量
黄ニラのみじん切り…50g

マヨネーズソース
マヨネーズ…180g
トマトケチャップ…9g
コンデンスミルク…34g
ジン…小さじ1/2

【揚げ餃子のバリエーション】

豆腐餃炸回頭

豆腐の入った揚げ皮の回頭餃子

イスラムの影響を受けた料理。ひだを作って包んだ後、両端をとめた形がイスラムの帽子に似ている。皮に豆腐を使うことで、独特の食感に仕上がる。

材料（50個分）

生地
薄力粉…130g
強力粉…40g
豆腐…100g
塩…ひとつまみ

あん
キャベツのみじん切り…300g
牛粗挽き肉…300g
長ねぎのみじん切り…大さじ2
生姜のみじん切り…大さじ1/2
山椒水（※）
　粉山椒…小さじ１
　水…大さじ３

調味料
　塩…小さじ１
　醤油…小さじ１
　チキンパウダー…少々
　甜麺醤…大さじ１
　ごま油…小さじ1/2

※山椒水の作り方
水に山椒を半日ほど漬けておき香りを移す。

作り方

1. 生地用の豆腐を５分ほど蒸す。粉類と塩を合わせた中に豆腐を一気に入れて混ぜ合わせる。よく練り上げ、固さを熱湯（分量外）で調整する。耳たぶくらいの固さが目安となる。ラップをして寝かせる。
2. ボウルにあんの材料を合わせ、山椒水を加えながら、調味料も入れてよく練る。
3. 10gに切り分けた生地を麺棒で直径6㎝の円形にのばして皮を作り、中央にあんを適量のせて半分に折る。146ページの要領でひだを作って包む。包み終わったら両端をくっつける。
4. 170℃の油（分量外）で、じっくりとキツネ色になるまで揚げる。

▲牛肉とキャベツのあん

【揚げ餃子のバリエーション】

蘿蔔炸餃

大根もちの揚げ餃子　塩スープ添え

大根もちをあんにした揚げ餃子。中はもっちり、皮はサクサクとしている。大根もちはダマになりやすいので、粉と炒めた材料をよく混ぜ合わせることが大切。

材料（30個分）

生地

鍋貼餃子（126ページ）と同じ

あん

大根の細切り…180g
中国腸詰めの粗みじん切り…2本分
焼き豚の粗みじん切り…60g
干しエビ（戻したもの）の粗みじん切り…15g
煎りごま…大さじ1
上新粉…150g
浮き粉…30g
塩…5g
上白糖…7g
水…400㎖
サラダ油…大さじ3

作り方

1. 126ページと同じように生地を作る。
2. あんを作る。ボウルに上新粉、浮き粉、塩、上白糖を合わせて、150㎖の水で溶きのばす。
3. 鍋にサラダ油をなじませて、大根、腸詰め、焼き豚、干しエビを炒めて、水250㎖を加えて沸かす
4. 3を2のボウルに加えて混ぜ合わせ、ラップを敷いた皿に入れて、その上からもラップをして30分蒸す。蒸し上がったら冷ます。
5. 10gに切り分けた生地を麺棒で直径6㎝の円形にのばして皮を作り、中央にあんを適量のせて半分に折る。153ページの要領でひだを作って包む。
6. 170℃のサラダ油（分量外）で、じっくりとキツネ色になるまで揚げる。油をよく切る。
7. 6を器に盛り、塩味のスープにニラと黄ニラを入れたものを別に添える。

▲大根もちのあん

【揚げ餃子のバリエーション】

五柳炸餃

野菜の細切りたっぷりあんかけ揚げ餃子

鍋貼にしても、シャキシャキしておいしい牛肉とれんこんの餃子。これを揚げて、たっぷりの野菜あんをかけた。パリパリとした皮と、とろりとしたあんが絶妙。

材料（餃子は30個分）

生地

鍋貼餃子（126ページ）と同じ

あん

牛粗挽き肉…200g
れんこん…170g
長ねぎのみじん切り…20g
生姜のみじん切り…5g
片栗粉…小さじ2

調味料

- 塩…小さじ1/2
- 胡椒…少々
- 老酒…小さじ1
- 醤油…小さじ1/2
- チキンパウダー…ひとつまみ
- ねぎ油（ラードで作るもの）…小さじ1
- 粉山椒…ひとつまみ

あんかけ（1皿分）

絹さや…5枚
筍…小1/2個分
人参…20g
長ねぎ…1/2本
生姜…少々
キクラゲ（戻したもの）…20g
金針菜（戻したもの）…15本
赤ピーマン…1/3個

調味料（作りやすい分量）

- スープ…500mℓ
- 上白糖…135g
- 醤油…150g
- 酢…150g

水溶き片栗粉…適量

作り方

1. 126ページと同じように生地を作る。
2. れんこんは皮をむいて粗みじん切りにし、片栗粉をまぶしておく。ボウルに肉を入れてよく練り、れんこんとその他の材料、調味料を加えて軽く混ぜる。ラップをして冷蔵庫で30分ほど休ませる。
3. 約9gに切り分けた生地を麺棒で直径6㎝の円形にのばして皮を作り、中央にあんを適量のせて半分に折る。128ページの要領でひだを作って包む。
4. たっぷりの熱湯に3を入れて、浮いてくるまで茹でる。ザルに上げて表面の水分を飛ばし、片栗粉少々（分量外）を餃子の表面にふる。
5. 170℃のサラダ油（分量外）で、じっくりキツネ色に揚げ、油をよく切って皿に盛る。
6. あんかけの材料をせん切りにし、4の熱湯で茹でて、火を通す。
7. 鍋に材料を合わせておいたあんかけの調味料を適量入れて沸かし、6の野菜を入れる。水溶き片栗粉でとろみをつけてあんかけの完成。揚げたての餃子にかける。

牛肉とれんこんのあん▶

「餃子」発展史

中国発祥の餃子は、
日本でどのように
広まっていったのか。

中国・唐代に作られて、江戸前期に日本に上陸した餃子

1968年、新疆ウイグル地区のトルファンにある唐代（618~907年）の墳墓で発見された「新疆出土文物」の中に、餃子の化石らしいといわれているものがある。同時代の書物『酉陽雑俎』にも餃子を指し示す記述が見られることから、餃子風の食べ物は唐の頃からあったようだ。

もっと具体的に餃子が紹介されるのは、明（1368~1596年）代の末。清（1644~1912年）代には『隋園食単』という書物に載せられた「肉餃」が見られる。

日本に紹介されたのは、江戸の前期が有力。水戸の徳川光圀（1628~1701年）が師事した儒学者・朱舜水《しゅしゅんすい》によって紹介されたという。

このことは、テレビの『水戸黄門』でお馴染みの「助さん、格さん」の格さんのモデルとなった人物・安積《あさか》覚《かく》（澹泊）が紹介している。安積　覚は『大日本史』を編纂した「彰考館」総裁でもあった学者で、宝永元（1704）年には、朱舜水が語った話をまとめた『舜水朱氏談綺』を記している。その中に「餃子」が登場する（写真左）。「唐音ニキヤウツウ一名包子俗ニ探官繭ト云麪粉ニ油ヲ加テ造リ中ヘ色々ノ餡ヲ入蒸タル物ナリ」と書かれている。

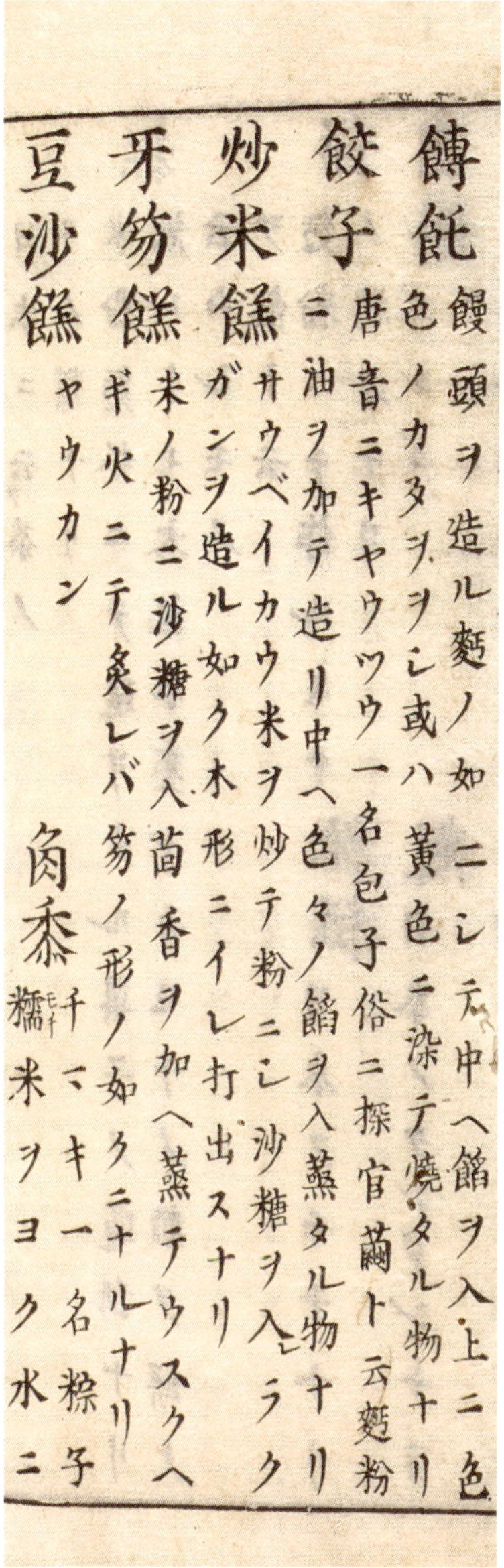
餺飥　饅頭ヲ造ル麪ノ如ニシテ中ヘ餡ヲ入上ニ色ノカタヲヲシ或ハ黄色ニ染テ焼タル物ナリ
餃子　唐音ニキヤウツウ一名包子俗ニ探官繭ト云麪粉ニ油ヲ加テ造リ中ヘ色々ノ餡ヲ入蒸タル物ナリ
炒米餻　サウベイカウ米ヲ炒テ粉ニシ沙糖ヲ入ラクガンヲ造ル如ク木形ニイレ打出スナリ
牙笏餻　米ノ粉ニ沙糖ヲ入茴香ヲ加ヘ蒸テウスクヘギ火ニテ炙レバ笏ノ形ノ如クニナルナリ
豆沙餻　ヤウカン
角黍　チマキ一名粽子糯《モチ》米ヲヨク水ニ

安積　覚が宝永元（1704）年に記した『舜水朱氏談綺』。いろいろな食べ物が紹介されている中に「餃子」の文字が見える。

この他、長崎奉行の中川忠英が寛政11（1799）年に著した『清俗紀聞』には、餃子が絵入りで登場する。ここでは餃子を「カウツイン」と読ませている。「ぎょうざ」とは言わなかったようだ。

餃子は、江戸期にはこれらの書物に見られる程度で、明治期に入ってもなかなかメジャーにならない。明治~大正期には支那料理店が営業していて作られていたようだが、その頃の写真には看板などにワンタンの名は見られるものの、なぜか餃子は見当たらない。

ワンタンも、餃子と同じように肉中心のあんを小麦で作った皮に包んだものだが、主に北方地方で食べられていた餃子は、当時の日本では、まだ一般には知られる存在ではなかったようである。

あんの材料として欠かせないキャベツや白菜は、戦後、増産されるようになり、にんにくを加えた日本独自の餃子が人気を集めた。

北方は水餃子、南方は蒸し餃子。地域で嗜好が違った

日本における餃子の普及は、第二次世界大戦後。

大戦中、満洲に渡った人たちが現地で食べた餃子の美味しさが忘れられず、大戦後も日本で作って食べるようになったという。

しかし中国で「餃子」と言えば、水餃子か蒸し餃子のこと。伝統的に、北京などの北方地方では茹でた「水餃子」が、広東などの南方地方では蒸して火を通す「蒸し餃子」が好まれる。

そして中国では、あんは野菜より肉が多い。特に北方では、肉で一番使われるのが羊肉。羊肉には体を温める働きがあるといわれ、寒さの厳しい北方では好まれた。

焼き餃子については、食べて残った餃子を使った。中華鍋に貼り付けるようにして丸く並べて焼いたことから、「鍋貼」と呼ばれた。こうしたことから、中国では焼き餃子といえば〝残り物〟であったため、あまりいいイメージがなかったといわれる。

満洲では、地元家庭や市場などで食べた餃子が大人気

日本人が満洲で最初に食べたのも、水餃子が多かっただろう。現地では、長く生活した人たちは中国人の家庭に招かれて食べたり、雇っていた料理人やお手伝いさんが作った料理として食べたりした。また兵士の中には、町の市場や飲食店で口にした人も多かったようである。

日本人でも、現地で中国の人に作り方を教わって餃子を作り、満洲で早くも焼き餃子を作ったり日本人向けの味に変えて食べたりする人もいたようだ。

例えば、神戸の『ぎょうざ苑』初代のご主人は、満洲で味噌を付けて食べる焼き餃子を覚えて帰国している。

満洲では、各家庭に日本のお米のように当たり前のようにあるといわれた餃子。満洲在住当時から、餃子の美味しさに魅せられた日本人は多かった。戦後、日本に帰国してもその味が忘れられず、日本で日本人向けの餃子を求め、自ら作るようになった。

餃子を焼くため、独自の餃子鍋を使った店もあった。宇都宮『宇都宮みんみん』が、昭和33年の創業時から使ってきた鉄鍋。直径は33㎝ほど。

餃子を焼く道具も、焼き方も各地でさまざま。写真はフライパンを使い、餃子を丸く並べて焼く福島餃子（『元祖　円盤餃子　満腹』）。

食糧難解消のための小麦粉の輸入も、餃子普及に貢献

本誌カラーページで紹介した人気店を調べると、面白いことが分かってきた。

昭和11年開業の『スヰートポーヅ』は〝別格〟として、

22年博多『宝雲亭』
24年東京『泰興楼』
26年神戸『ぎょうざ苑』
28年大阪『珉珉』、福島『満腹』、浜松『石松』
30年東京『亀戸ぎょうざ』
32年広島『王』
33年宇都宮『宇都宮みんみん』

と、昭和20年の終戦後すぐから餃子の店が、全国各地で開業している。これは、当時の食糧事情と大いに関係があった。

昭和20（1945）年、戦争は終わったが、国内は非常な食糧難に直面する。終戦の年は、戦禍による農家の疲弊もあり、作況指数が67という空前絶後の大凶作の年である。しかも外地からの復員による人口増加（当時の人口7200万人に対し、引き揚げ者は660万人といわれる）が食糧危機に輪をかけた。

この危機に対処するため、政府はアメリカの占領地救済資金（ガリオア資金）によって、小麦や小麦粉を大量に輸入することとなった。諸外国には、日本の米不足を補うほどの輸出米を作る国がなかったからだ。このため、米不足を小麦で補うこととなった。

あんに欠かせない、白菜やキャベツも、戦後から増産

さらに、餃子のもう一つの主材料である白菜とキャベツも、戦後に増産が始まった。

キャベツは明治の頃、白菜も日清・日露の両大戦の頃に日本に上陸した野菜だ。

『宇都宮みんみん』の前身で、栄養食品店の「ハウザー」。
昭和30年頃の写真で、軒下の白い品書きの右端に「天津餃子」と見える。

昭和25年から農水省の野菜を扱う試験場で洋根菜の研究に従事していた芦澤正和さんによると、

「白菜もキャベツも、もともとは適応範囲の広い野菜です。キャベツは丈夫で扱いやすく、白菜もハウス栽培などにしなくても路地で育てられる野菜です。ともに日本の気候に合った品種に改良され、戦前からたくさん作られていました。昭和25年当時で、キャベツはほぼ周年で供給されていて、値段も安かったと記憶しています。白菜も続いて周年で供給されるようになり、品種改良や産地開発も行われ、昭和40年頃には安定的に出回るようになりました。年間を通して安く入手できるキャベツと白菜は、庶民の食生活には欠かせない野菜になりました」

終戦直後の食糧難をきっかけとして、小麦粉・キャベツ・白菜が年間を通して手軽に、安く手に入るようになった。

小麦粉を水でこねたり麺にしたりして使い、キャベツや白菜などの野菜で〝増量〟し、醤油やソースで味付けして、安くて美味しくてお腹一杯になる食べ物を作る。こうした日本特有の大衆的な粉食文化——お好み焼、たこ焼、焼そばなど——は、実はこの頃から各地で一斉に普及していく。餃子もその中の一つだった。

水餃子は代用食「すいとん」を連想させる？と不評の声

戦後の混乱期にあって、餃子の店はどのような商売をしていたのだろうか。

海外から引き揚げて来た人たちは、食べて行くために駅前や神社の広場でバラック建ての屋台を作ったり、闇市の中で店を出して商売を始めるようになる。焼き餃子を知っていた人もいたが、多くは水餃子から始めたという。

昭和32年の『ぎょうざ苑』。写真上中央に、「鍋貼」と書いて「やきぎょうざ」と読ませる品書きがある。

ところが、水餃子は売れなかった。引き揚げて来た人たちにとっては懐かしい食べ物だが、国内にいた人にとっては、その味に馴染めない人がほとんどだった。〝得体の知れない食べ物〟という印象で、食指が伸びなかったようである。さらに、

「父は、最初は名古屋の駅前で商売をしましたが、何といっても、水餃子は腹持ちが悪かった。つるっと食べられてしまい、お腹一杯にならなかったそうです。『餃子』の字が読めず、『鮫子《さめこ》』と読む人もいて、料理名から教えないといけなかったと聞いています。好んで食べに来るのは引き揚げてきた人だけだったようです」（千葉『ホワイト餃子』水谷方昭氏）

「水餃子は、見た目が『すいとん』に似ていたことから、戦中に食べた不味い代用食を思い出すと、不評で売れなかったそうです」（福島『満腹』椎野幸嗣氏）

思ったほど餃子が売れない。そこで焼き餃子にしてみようと考えたという。

「中国でも『鍋貼』があるのを知っていたので、その要領で焼いてみたそうです。そうしたら、パリパリとした歯応えがあり、香ばしい香りに加え、油で焼くので腹持ちもいいと人気を集めたようです」（前出・水谷氏）

「鍋貼」を真似て焼いてみた餃子が、美味しいと評判に！

不評の水餃子は、すぐに焼き餃子に切り替えられ、人気を集めるようになった。

小麦粉でできた皮が高温で熱せられることにより生まれるきれいなきつね色は、メラノイジンという物質が含まれる。これはご飯のお焦げの香ばしい香りにも代表される、日本人好みの香りだ。さらに、それに酢と醤油という、旨味たっ

関西最古参の『珉珉』。芝居小屋や寄席が多い千日前という場所柄、開業当時から芸人さんや有名人にもよく利用され、人気を集めた。

ぷりの日本の伝統調味料を付けて食べる。〝日本流〟の餃子は、空きっ腹を抱え、美味しいものに飢えていた人々の味覚を満足させないはずはなかったのだ。

餃子の店は、闇市でも行列を作るほど人気を集めるようになった。その人気を見た人が、「餃子は儲かる」と真似て店を出す。こうして餃子を出す店は増えていった。

当時、ほとんどの店では豚肉をヤミで入手したり、知人に飼育してもらったものをゆずってもらい、使ったという。

また、豚肉が高価であったこともあり、中国風に羊肉を使うところもあったが、当時の日本では老羊を肉にしていたため臭いが強かった。そこで臭い消しのために、あんににんにくを入れた餃子も登場し、独特の個性で人気を集めるようになる。現在、大阪を中心に店舗展開する『珉珉』（写真上）もこの流れを汲む餃子だ。こうして、にんにくがあんに入ることも日本の餃子の特徴になる。

調理器具も、今日のように専用の餃子焼き器や餃子鍋などない時代だ。各店が工夫を凝らし、専用の道具を手作りした人もいた（161ページ左写真）。駅前屋台が多かった浜松などでは、フライパンを使って餃子を焼く店も登場し、現在にいたっている。

高度成長時代に入り、餃子はスタミナ食としても人気

社会が落ち着きを取り戻し、昭和30年代の高度成長期になると、餃子は俄然、注目を浴びるようになる。

昭和32年頃には、「餃子」が新聞の家庭欄にも登場する。闇市から出て一般にも知られる食べ物として市民権を獲得する。

ちなみに昭和26年創業の神戸の老舗『元祖ぎょうざ苑』では、「鍋貼」と書いて「やきぎょうざ」と読ませた。1人前は50円だった。

また昭和33年当時、宇都宮に開業した『みんみん』も、ラーメン30円に対して餃子は50円。この店では「天津餃子」といった。

餃子は大衆的な食べ物であったとはいえ、ラーメンよりも高かった。少し年代は離れるが、遠く離れた神戸と宇都宮で、餃子の価格は1人前50円というから、偶然が

あるとはいえ、この頃の餃子の相場は1人前50円だったようだ。

昭和37年には、東京・浅草で餃子店の火事が事件として紹介されている。すでに店を構えた専門店も登場していたのだ。この頃から、新聞では餃子の人気を紹介する記事も登場し、ある種のブームの様相を呈している。

にんにくがたっぷり入るイメージの餃子は、スタミナ食としても意識され、右肩上がりで成長が続く当時の社会でパワフルに働く人たちに〝元気の源〟として歓迎され、人気を集めていった。新聞記事にも紹介されているように、〝餃子ブーム〟の昭和30年代は、20年代に続き数多くの人気店が開業している時期である。

台湾の台北で2012年に撮影した餃子。餃子といえば水餃子が多かった台湾でも、日本の餃子人気の影響からか焼き餃子を出す店も増えた。

有名人たちの支持が、餃子人気に一層の拍車をかける

昭和30年代に餃子が人気を集めるようになるには、きっかけもあった。
「ちょうど昭和34年頃だと思います。大洋ホエールズ（現・横浜ベイスターズ）のホームランバッターだった桑田　武選手（故人）が、ホームランを打った試合のインタビューで『餃子を食べていたから』とコメントしたことがありまして、そこから一気に人気に火が点きました」（前出・水谷氏）
当時、人気スポーツ界のスター選手自らが〝好物でパワーの源〟と語ったことは大きかった。瞬く間に餃子人気に火が点いた。
大阪・千日前の『珉珉』では、

◎重さの違いは、何と9倍にも!

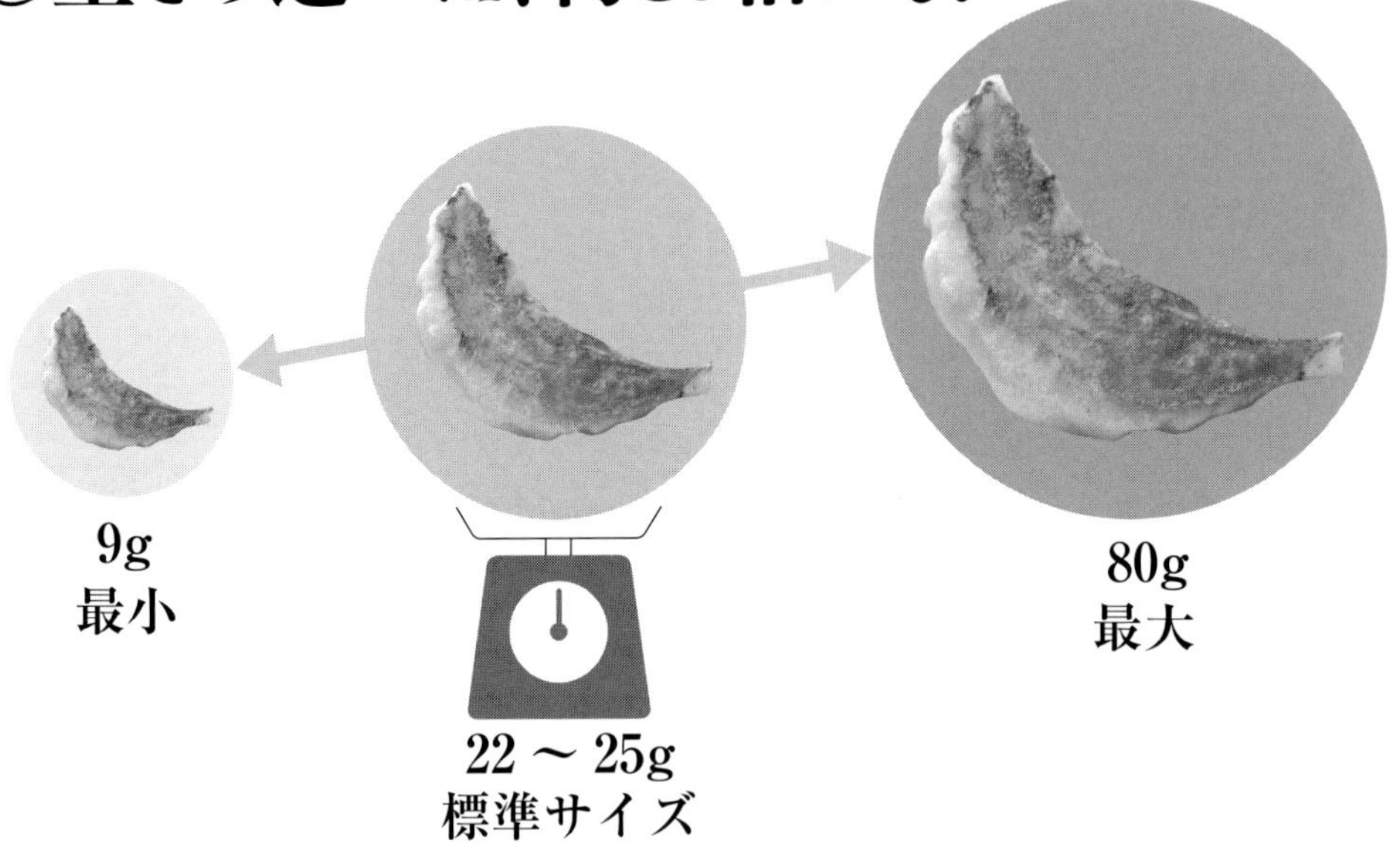

「場所柄、芸人さんも多く、有名な方にも贔屓にしていただきました」（『珉珉』古田暁生氏）

テレビや舞台で注目を浴びる話題の人たちが餃子に関心を持ち、それを公言したことで餃子が注目され、人気を集めていった。

近年でも、テレビで若手タレントが餃子ファンを自認し、餃子の美味しさについて紹介して話題を集めたが、この当時も今と同じような状況で餃子が話題となっていたのである。

昭和30年代には人気料理として定着した餃子だが、テイクアウトもできたことから、惣菜として家庭でも食べられるようになった。30年代後半には食品スーパーなどで餃子の皮も売られて人気を集めており、あっという間に家庭で作る料理の仲間入りを果たす。

さらに、昭和55年代半ばには大手食品会社から焼き餃子が発売。家庭で餃子が、より手軽に楽しめるようになった。これを契機に、冷凍やチルドタイプのさまざまな餃子が各社から発売。もはや餃子は日常食となった。

「町おこし」ブームで、各地に根ざした餃子がブレイク

その後、80年代から始まるラーメンブームの熱気により、餃子の話題は次第に脇に置かれるようになるが、惣菜の中での存在感は確固としたものになる。

再び餃子が脚光を浴びるのは、平成2（1990）年。宇都宮市が発表した総務庁統計局の「家計調査年報」での餃子消費量だ。

これを契機に、「どこが餃子消費量日本一か」と話題が沸騰し、餃子をテーマにした町おこしが、宇都宮、福島、浜松…と各地に波及していく。それに伴って、各地の餃子の特徴も紹介されるようになった。普段、何げなく食べてい

◎こんなにある餃子のバリエーション

皮

◉厚み

・厚い　・薄い

◉形状

・丸形　・小判形

・正方形　・長方形

あん

・白菜中心

・きゃべつ中心

・青ねぎ中心
（白菜、きゃべつ不使用）

・玉ねぎ中心
（白菜、きゃべつ不使用）

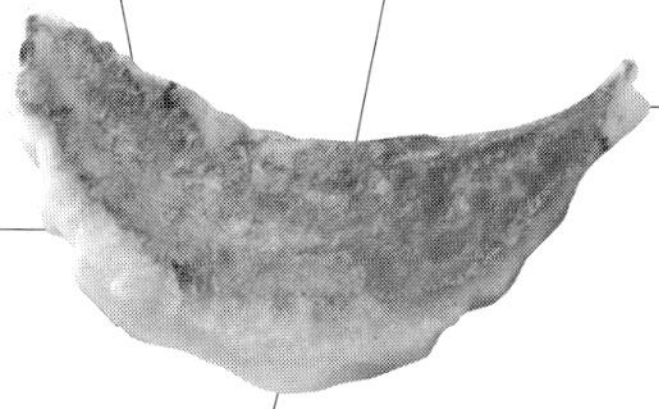

餃子の形

◉サイズ

・ミニサイズ

・ひと口サイズ

・ジャンボサイズ

◉形状

・一般的な「餃子」形

・棒形

・円柱形

・扇形

調理器具

・餃子鍋

・鉄板

・フライパン

・餃子焼き機

調理法

◉蒸し焼き

・まず蒸し焼きにしてから、焼き目を付ける

・まず焼き目を付けてから、蒸し焼きにする

・ラーメンスープを流して蒸し焼きにする

◉鉄板焼き

・円形に並べて焼く

・まっすぐ並べて焼く

◉羽根焼き

・水溶き片栗粉を流して焼く

・水溶き小麦粉を流して焼く

・ブレンド粉を流して焼く

◉揚げ焼き

・水を最初に入れ、途中で油を加える

・最初に油を入れ、途中で水を加える

た餃子に、これほどの多彩な特徴があったのかと、誰もが驚き興味を持つようになった。

その間、平成14（2002）年には東京・池袋で、16年には大阪・梅田で餃子をテーマにしたフードテーマパークも登場。いながらにして各地の名物餃子が食べられると話題を集めている。

2004年、2008年には食品事件で餃子のイメージは一時的に低下するが、平成18（2006）年に始まるB―1グランプリで〝ご当地料理〟に話題が集まると、餃子人気も盛り上がりを取り戻した。店ごとの、地域ごとの食べ比べをする人もいるほどだ。

餃子というと、誰もが自分の思い描くシンプルな餃子をイメージするが、実は今日の日本の餃子には、上で紹介したように、実にさまざま個性がある。日常食として定着した餃子は、今や嗜好品の域にまで達しようとしている。

餃子の探求

発行日　平成28年6月1日初版発行

著　者　旭《あさひ》屋《や》出版《しゅっぱん》　編集《へんしゅう》部《ぶ》
発行者　早嶋　茂
制作者　永瀬　正人
発行所　株式会社旭屋出版
〒107-0052
東京都港区赤坂1-7-19　キャピタル赤坂ビル8階
郵便振替　00150-1-19572

販売部 TEL 03 (3560) 9065
FAX 03 (3560) 9071
編集部 TEL 03 (3560) 9066
FAX 03 (3560) 9073
旭屋出版ホームページ　http://www.asahiya-jp.com

編　集　井上久尚、森　正吾、岡本ひとみ
撮　影　後藤弘行、曽我浩一郎（本誌）、間宮　博、野辺竜馬、
川井裕一郎、高田正介
デザイン　㈱ライラック

印刷・製本　凸版印刷株式会社

ISBN978-4-7511-1197-0
Printed in Japan